ÉLEVAGE DES ENFANTS POUR UNE FOI EXTRAORDINAIRE

AIDER LES PARENTS ET LES ENSEIGNANTS
DISCIPLE DE LA PROCHAINE GÉNÉRATION

DEBBIE SALTER GOODWIN

Elevage des enfants -
Aider les parents et les enseignants disciple de la prochaine
génération

Le Titre original est en Anglais: Raising Kids to an Extraordinary
Faith

Par Debbie Salter Goodwin

Cette edition est publiée par Discipolat Nazaréen International
(DNI) - Région Mésoamérique Eglise du Nazaréen
Rev. Monte Cyr

www.DNIRessources.MesoamericaRegion.org

discipleship@mesoamericaregion.org

ISBN: 978-1-63580-320-4

Éditeur: Bethany Cyr

Traduit par: Dezama Jeudi

Conception de la couverture: J.R. Caines

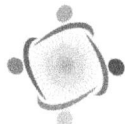

DISCIPULAT NAZARÉEN
INTERNATIONAL
RÉGION MÉSOAMÉRIQUE

Pour Mark, mon mari et partenaire dans l'amour, dans la vie, et en Christ, qui m'a aidé à faire de la formation de disciple une priorité dans la parentalité et le ministère.

REMERCIEMENTS

Il est certain que ce livre n'était pas mon idée, il a grandi dans mon cœur comme s'il était. Je tiens particulièrement à remercier Lynda Boardman, Directrice des Ministères de l'Enfance pour l'Eglise du Nazaréenne Internationale, qui m'a donné l'opportunité d'écrire ceci. Sa passion pour ce projet m'a encouragé dès le début. Je suis aussi endetté à son personnel pour l'examen des idées, des ébauches, le partage des ressources, et perspectives. Je suis particulièrement reconnaissant envers Beula Postlewait, Coordinateur international des Ministères des enfants.

Nous vous remercions de votre soutien, de vos réponses rapides et de vos suggestions productives.

Une partie intégrale de la recherche pour ce livre était une enquête qui s'est exposée aux parents et aux employés du ministère. Je suis reconnaissante pour le travail de Ken Crow et le Centre de recherche de l'Église du Nazaréen pour avoir envoyé les enquêtes et compilé les résultats.

Votre contribution a été un démarrage dans mon processus. Et à ceux de vous qui avez rempli les enquêtes, mes sincères remerciements pour vos réponses franches et utiles. Le thème qui a traversé chacun était une faim de faire partie d'un partenariat parent-église qui rend la vie spirituelle de nos enfants non-négociable comme une priorité.

Merci à l'imprimerie Beacon Hill de la directrice Bonnie Perry de Kansas City et son personnel remarquable, dont l'engagement envers la qualité et dont la gentillesse à moi de faire un partenariat dans la publication une joie.

Un merci spécial à Mark, mon mari, ma caisse de résonance, premier éditeur, et fidèle affirmateur. Je suis toujours mieux à tout à cause de toi.

ÉLEVAGE DES ENFANTS POUR UNE FOI EXTRAORDINAIRE

Pour ceux qui m'ont enseigné, mes parents, les enseignants d'école dominicale, les dirigeants de la Caravane et une longue liste de chrétiens fidèles dont j'ai regardé la vie, merci pour votre contribution en m'introduisant en moi la joie de suivre Jésus. Je suis vraiment la somme de beaucoup de pièces.

INTRODUCTION

Comment pouvons-nous aider les enfants à devenir des disciples de Jésus tout au long de la vie? Comment pouvons-nous utiliser le potentiel de partenariat entre la maison et l'église? Comment pouvons-nous aider les enfants à devenir des apprentis indépendants comme des disciples de Jésus? Ce sont les questions qui ont alimenté l'écriture de ce livre.

Dès le début, il a été question de relier les parents et les travailleurs du ministère dans l'instruction que Jésus a laissée de faire des disciples. À obéir à la Grande Commission, nous devons inclure les enfants.

La formation disciple est plus que la paternité chrétienne. Dans le chrétien parental, le parent est le chrétien. Le disciple se concentre sur un enfant qui a fait profession de foi. Cela devient jour après jour, une aventure par expérience.

Faire des disciples, c'est plus qu'enseigner au sujet de faire un disciple. Le danger d'un livre sur le discipulat des enfants est que quelqu'un qui pense qu'il s'agit de transférer des informations et des connaissances. Qui serait permettre à quiconque a la bonne information de le transmettre et cocher le discipulat.

Mais le discernement consiste à partager avec les autres le modèle de vie que vous vivez en Christ. Il les engage dans l'aventure de suivre Jésus.

Alors que les enfants qui pratiquent le discipulat commencent à la maison, il est important de les soutenir dans chaque composante de la famille de Dieu. La vie est le laboratoire d'apprentissage, et chaque chrétien a une influence dans la vie des enfants.

Alors, qui devrait lire ce livre? Toute personne qui veut être une partie d'un cercle de soutien pour faire grandir un jeune disciple. Cela va au-delà des parents et des employés du ministère. Cela comprend la famille élargie et amis. Il comprend chaque personne de la communauté de foi où les enfants sont présents. Nous devons tous être prêts à partager nos vies, nos histoires de foi, et nos mots d'encouragement pour aider les enfants a suivre Jésus.

Pour certains, les premiers chapitres peuvent sembler accablants. Pour les autres, ce livre ne va pas assez loin. Pour tous, c'est un début. Ma prière est que ce livre rassemble des parents, pasteurs, ouvriers du ministère et les éducateurs à franchir une nouvelle étape vers le partenariat qui fera la différence dans la vie de nos enfants. Nous pouvons élever des enfants qui sont transformés par une foi extraordinaire. Nous pouvons élever des disciples de Jésus qui comprend de très tôt que le salut leur donne une vie au-delà de ce qu'ils pourraient demander ou rêver. Nous pouvons enseigner la prochaine génération.

Faisons-le ensemble!

L'entrainement de disciple est le courant qui garde l'oiseau en fuite.

Emily, pastoresse des enfants

LEÇON 1

OÙ PEUT-ON COMMENCER A FAIRE DE DISCIPLE

Aller ... faire des disciples.
-MATTHIEU 28:19

Ils marchèrent, au fur et à mesure qu'ils se mélangeaient anonymement avec la foule dans le temple. Quel était si spécial à propos d'un couple qui apporte leur bébé pour la visite commandée? Marie et Joseph étaient probablement aussi nerveux que vous seriez comme votre première fois en public avec un nouveau-né. Encore en train d'apprendre sur les cris et les besoins du bébé qui avait changé chaque routine de leurs vies, ils étaient sans aucun doute plus concentrés sur le bébé qu'autre chose.

Ils avaient été appris au sujet de l'importance de cette visite. Ils avaient le témoignage des autres parents qui font ce premier voyage familial à la maison de Dieu. Maintenant c'était leur tour. La fierté est tombée avec émerveillement. La joie a lutté avec peur. Ils étaient prêts à présenter cet enfant a Dieu. La seule façon de commencer était avec obéissance.

11

La vérité éternelle au sujet de cette visite est qu'il aurait été le même peu importe qui le bébé ou parents étaient. Il nous rappelle ce Dieu croit dans les familles. Il nous dit que si les parents de Jésus ont eu besoin de garder ce rendez-vous avec l'ordre de Dieu, nous pouvons faire autant.

Pour les Chrétien, la paternité est au sujet de plus que juste élevage des bons enfants. C'est au sujet d'élever les enfants de Dieu le chemin de Dieu. C'est au sujet d'avoir de la confiance en Dieu et an sa Parole. Au commencement, Dieu a démontré que la famille est la meilleure place pour apprendre et croire au sujet de lui, et, comment vivre dans son monde.

Pendant que les bonnes connaissances parentales et la participation de l'église sont critiques, ils ne sont pas un remplaçant pour la nutrition pieuse et enseignant à la maison. Les parents chrétiens ont besoin de faire plus d'augmentation de bons enfants qui vont à église. Ils ont besoin d'élever des disciples qui veulent suivre Jésus aussi longtemps qu'ils vivent.

> **Les parents chrétiens ont besoin de faire plus d'augmentation de bon enfants qui vont à église. Ils ont besoin d'élever des disciples qui veulent suivre Jésus aussi long temps qu'ils vivent.**

Le discipulat n'est pas quelque chose que vous pouvez ajouter à la vie comme un voyage spécial. L'entrainement disciple devient la vie de tout partisan de Jésus. Élever une génération de disciples qui continueront à changer leur monde avec le message transformateur de l'évangile qui exige les parents et autres qu'eux-mêmes de prendre ce même engagement.

Les parents d'aujourd'hui sont ceux qui ont grandi dans l'église avec des ministères spécialisés pour chaque groupe d'âge. L'église a vendu lui-même comme [l'endroit] pour rencontrer tous vos besoins. En retour, les parents ne savent pas quoi penser en réalisant qu'ils sont le centre de formation dans la vie d'un enfant et l'église est une poutre de soutient dans le processus.

- Cindi, pasteur de la vie de famille

L'histoire de la Légion dans le Nouveau Testament démontre l'importance que Jésus accorde à la maison et à la famille. Légion était le fou qui a vécu dans les grottes. L'appel transformateur de Jésus a chassé ses démons d'emballage et a donné son esprit légitime à la Légion arrière. Légion a compris cela comme rien de moins qu'un miracle. Mais, bien sûr, il voulait suivre l'œuvre miraculeux. Il était prêt à monter dans le bateau et tout quitter, tout comme les Douze qui voyageaient avec Jésus avaient fait.

«Rentre chez toi et dis-le à ta famille combien le Seigneur a fait pour toi, et comment il a eu pitié de toi»(Marc 5:19).

Les parents n'ont pas à deviner où leur mission de la formation de disciple ait eu lieu. C'est à la maison avec leurs enfants. Le foyer devrait être là où les enfants attendent d'entendre les histoires de salut de leurs parents. Ce devrait être l'endroit où les mots au sujet de Dieu et les actions et les attitudes de nos vies livrent le même message. La maison est l'endroit où nous apprenons à être des faiseurs de disciples.

> Parler avec vos enfants de la spiritualité est comme parler de la sexualité: beaucoup veut le faire, mais il ne sait pas comment.
>
> *-Bruce, père de trois*

Cependant, Dieu ne rejette pas cette responsabilité d'entrainement disciple dans le programme des parents sans soutien. Il ne veut pas non plus d'enfant sans parents chrétiens pour être comme la graine qui meurt par absence de contexte nourricier. Il s'attend à ce que la communauté de foi fasse partie intégrante du discipulat de ses enfants. Dieu sait que cela prendra plus que les parents et la famille élargie pour élever un disciple de Christ pour la vie. Il faudra que chaque pasteur, chaque enseignant, et chaque bénévole qui croise la vie d'un enfant. Il faudra une approche ciblée, cohérente et continue de chaque chrétien qui a de l'influence avec les enfants. Personne n'est exempté dans le processus de concentration.

Quand Jésus a livré Ses dernières instructions verbales avant Son Ascension, Il a dit: «Faites des disciples» (Matthieu 28:19). Ce n'était pas une suggestion pour nous d'opter ou une idée à considérer. Jésus avait déjà donné sa vie pour cette approche un-à-un. Il a responsabilisé les Onze avec Son plan pour faire des disciples: «Enseigner ces nouveaux disciples à obéir à tous les commandements que je vous ai donnés» (Matthieu 28:20).

Pensez aux enfants comme de jeunes adeptes. Penser à leur empressement pour l'aventure, leur confiance innocente, leur énergie illimitée. Penser à canaliser tout ce qui offre à l'enfance dans le but de faire grandir des disciples. Qui se produirait si la confiance innocente ne cesse de croître? Que se passerait-il à la mission des carburants énergétiques? Que se passerait-il si l'aventure de suivre Jésus jamais s'est décliné? Ils ne changeraient pas seulement leur monde, ils changeraient le nôtre aussi.

Tous les disciples de Jésus reçoivent les mêmes instructions des parents, amis, famille, ministère, bénévoles et personnel pastoral. N'importe qui touche la vie d'un enfant est sur appel pour que Jésus l'utilise en tant que faiseur de disciple.

> N'importe qui touche la vie d'un enfant est sur appel pour que Jésus l'utilise en tant que faiseur de disciple.

Cependant, il faut un disciple pour faire un disciple. Il faut ceux qui suivent Jésus quotidiennement s'engage à diriger quelqu'un d'autre le long de la même route. C'est là que ça se passe de près et personnel. C'est là que ceux qui travaillent avec les enfants doivent examiner leurs propres vies en tant que disciples et poser des questions sérieuses:

- Que se passe-t-il si les enfants suivent Jésus de la même manière que moi?

- Suis-je prêt à être transparent au sujet de mon propre voyage en tant que disciple de Jésus?

- Où puis-je remplacer les connaissances pour la relation?

UN DISCIPLE EST...

Commençons par une définition assez facile à comprendre pour un enfant: Un disciple est quelqu'un qui suit Jésus, aime Jésus, apprend de Jésus et obéit à Jésus dans toute la vie. Le disciple est une relation avec Jésus qui est basée sur l'amour, guidée par ses commandements, et nourri dans une communauté de foi. L'entrainement disciple est à la fois une décision sur la vie et la vie elle-même.

Pour les parents, cette définition est un rappel de leur responsabilité de la part de Jésus comme la véritable autorité parentale dans la vie d'un enfant. Les parents ont besoin de plus que leurs meilleures idées pour élever des disciples. Ils ont besoin de savoir que Jésus les conduit comme des parents au profit de leurs enfants.

Cela signifie que tous les renvoie à Dieu et à Sa Parole ... la rivalité fraternelle, les limites de loisirs, les priorités d'ordonnance, tout est une question de discipline.

Ce que disent les parents

- Trouver des moments d'apprentissage chaque jour pour modéliser ce que signifie être un disciple de Jésus.

  -Kati, mère de deux

- Notre responsabilité première en tant que parents est de transmettre notre foi à nos enfants.

  -Belinda, mère de deux enfants

- Je sais que c'est ma responsabilité, mais je ne sais pas comment le faire.

  -Davonne, mère de neuf

- Je sens que j'ai les connaissances, j'ai le soutien; Je n'ai tout simplement pas ce qu'il faut pour faire des choses

---

importantes une priorité sur les choses urgentes, cela demande mon attention.

-Michèle, parent

• Je pense que pour la plupart des parents communiquant avec leur enfants sur le plan spirituel, ils peuvent être intimidants.

-Betty, mère de quatre enfants

Ce que disent les travailleurs du ministère

• L'entrainement disciple n'est pas des idées et des ressources, c'est un style de vie qui doit être modélisé.

-Cindi, pasteur de la vie de famille

• En tant que travailleurs du ministère des enfants, nous ne sommes que les «Substituts».

-Tammy, employé du ministère

• Les parents doivent voir leur propre besoin d'entrainement disciple, peu importe combien de temps ils ont été une partie de l'église.

• Wise est la maman ou le papa qui vit le Christ 24/7 en face de ses enfants.

-Jerry, consultant du ministère des enfants

Pour les enseignants et les autres personnes qui investissent dans la vie des enfants, la définition donne la véritable raison de leur implication dans la vie d'un enfant. Ils doivent répondre à la question «Comment ma contribution dans la vie de cet enfant croit-il en un disciple? «Ils ne peuvent pas permettre eux-mêmes pour se laisser distraire par l'enseignement des informations ou des règles à l'exclusion de la modélisation à quoi ressemble un disciple, parle, aime, pense, agit comme, et aime comme.

La formation des disciples ne se fait pas par accident. Il n'est pas pris en lisant des histoires bibliques ensemble. Ce n'est pas seulement un ensemble de connaissances ou répondre aux questions bibliques correctement, et ce n'est certainement pas juste à propos de la fréquentation d'église fidèle. La formation de disciple est une question de cœur et la volonté, l'esprit et l'âme, le corps et l'esprit. Il n'y a rien qu'une personne dit, pense, rêve ou ne le fait pas venir sous le parapluie de disciple.

QU'EST-CE QUE CELA SIGNIFIE POUR TOI?

Peu importe ce que votre relation avec un enfant est, il y a un rôle pour vous de jouer. Parfois, c'est imprévu. Parfois c'est prévu. Parfois, vous êtes le premier maître.

Parfois, vous êtes un soutien. C'est la vie du corps en action.

Jetez un coup d'œil aux éléments suivants de la formation des disciples. Comment allez-vous avec les enfants dans votre cercle d'influence?

Vivez un engagement quotidien envers Jésus. Tout d'abord, un disciple garde sa vie de disciple de Jésus à jour. Tous les jours est l'occasion d'appliquer de nouvelles idées sur la façon dont

Jésus fait une différence dans les relations, dans le contentement, dans l'établissement d'objectifs, en tout. C'est quand nous connectons ces leçons de vie à l'Écriture et aux principes que nous voulons que les enfants comprennent que les ampoules commencent à allumer pour eux.

Modélisez ce que cela signifie de suivre Jésus. Rien ne remplace un exemple de chair et de sang, parce que les enfants sont réels et concrets. Ils n'appliquent pas les idées aussi facilement comme ils suivent des exemples. Dieu comprend que nous apprenons tous de cette manière. C'est pourquoi, Dieu nous a envoyé Jésus dans la chair, parce que les idées et les instructions ne suffisent pas. Nous devons également nous engager à montrer et ne pas seulement dire comment vivre en tant que disciple. Nous devons être honnêtes à propos de la façon dont la formation de disciple apparaît dans notre télévision et le choix des films. Nous devons être honnêtes sur la façon dont cela gouverne nos décisions à propos de l'argent et du temps. Nous ne pouvons pas leur offrir notre meilleure idée étant un disciple, nous devons leur offrir notre parcourt.

Racontez l'histoire. L'histoire que Dieu veut que nous partagions c'est au sujet d'un amour qui ne s'en va jamais. Il s'agit de comment Dieu n'a rien épargné pour nous sauver de notre propre égocentrisme destructeur. Racontez l'histoire aux enfants autant de fois que vous pouvez le faire. Utilisez des images et des activités et des livres. Aucune autre histoire n'a le potentiel de donner à des enfants leur don le plus précieux: la vie éternelle.

Passez du temps en tête-à-tête. À un moment donné, le discipulat est un modèle. Vous pouvez enseigner avec succès les grands principes, les grandes histoires, et les connaissances de base dans des groupes avec des activités. Mais les cours en groupe seront toujours insuffisants. C'est le processus tête-à-tête qui encourage les questions, donne un encouragement unique, et fournit une responsabilité personnelle. Pour les parents, cela peut avoir lieu dans la voiture, pendant un repas, avant le coucher, et dans un certain nombre de moments impromptus qui s'ouvrent chaque jour. Pour le ministère des bénévoles, cela pourrait signifier que le temps avant la classe, une heure prévue en dehors de la classe, un échange personnel dans une rencontre imprévue. Pas tous les enseignants ne peuvent être en mesure de prendre un engagement individuel avec chaque enfant, mais chaque enfant devrait avoir plus d'un parent qui accomplit une heure à la fois.

Lisez et discutez sur la Parole de Dieu ensemble. Il n'y a pas de substitut pour la Parole de Dieu. Elle doit avoir une place centrale dans la maison et en classe. Les problèmes à la maison devraient vous inciter à chercher les principes de Dieu dans les Écritures. On devrait faire le même pour les questions de classe. Si nos enfants ne nous voient jamais répondre à leurs questions par la recherche de la Parole de Dieu, comment pouvons-nous nous attendre à ce qu'ils fassent leurs propres découvertes personnelles?

Aidez les enfants à devenir des faiseurs de disciples. Quand quelqu'un décide de suivre Jésus comme Son disciple, il ou elle rejoint aussi le plan missionnaire de Dieu de faire des disciples. En tant que parents et travailleurs dans le ministère, nous devons aider les enfants à comprendre cette composante d'être un disciple.

Priez ensemble. Former les enfants englobe plus que prier pour eux. Il faut prier avec eux. Il existe de nombreuses opportunités pendant la journée d'une famille lorsque cela peut arriver. Autres faiseurs de disciples doivent aussi chercher des opportunités. Ne pas simplement dites à un enfant que vous prierez pour lui. Priez d'abord avec l'enfant.

Encouragez les questions. Laissez les questions des enfants vous dire ce qu'ils sont prêts à apprendre. De la simple curiosité à l'enquête critique, les questions ouvrent des portes à l'apprentissage personnel et à l'application.

Ne vous attendez pas à avoir toutes les réponses. Parfois leurs questions font de vous un apprenant avec eux d'une manière qui lie tous à vous en tant que disciples en formation. **Célébrez la croissance.** Nous célébrons de bonnes notes, victoires du jeu de football, anniversaires, et un certain nombre de réalisations dans les vies de nos enfants. Comment célébrons-nous une décision à suivre Christ avec un enthousiasme semblable? Comment célébrons-nous quand un enfant rejette la tentation ou applique quelque chose de la Parole de Dieu pour vivre? C'est une façon amusante de soutenir un enfant en tant que disciple périple. Peut-être quand nous commençons à célébrer les étapes importantes de la vie de disciple de la même manière que nous célébrons d'autres événements, les enfants obtiendront le message –formation des disciples de rocs!

TEMPS DE DEVENIR SERIEUX

Il est temps pour nous tous d'arrêter de nous en passer. Les parents veulent l'église pour faire un meilleur travail en enseignant aux enfants de suivre Jésus. L'église veut que la maison fasse un meilleur travail. La vérité est-ce qu'en travaillant ensemble, nous ferons tous un meilleur travail pour élever des disciples pour la prochaine génération.

Nous avons l'aventure la plus excitante devant nous. Et les statistiques sont en notre faveur. La formation précoce fait la différence. Les modèles divins ont de l'importance. Alors qu'il n'y a pas de formule garantie pour des résultats instantanés, nous pouvons avoir la confiance de savoir qu'il n'y a rien que Dieu veut plus que pour nous, l'aider à ramener ses enfants à la maison.

> Il n'y a rien que Dieu veut plus que pour nous, l'aider à ramener ses enfants à la maison.

Cela va-t-il prendre de nouvelles idées? Probablement. Est-ce que cela va prendre une sagesse qui ne vient pas des livres? Absolument. Surtout, il faudra que chacun d'entre nous se porte comme un Faiseur de disciple. Comme nous nous présentons à Jésus, demandez Son approbation, et obéissez Ses instructions, nous deviendrons les disciples que nos enfants ont besoin. Il n'y a rien que Dieu veut plus que pour nous, l'aider à ramener ses enfants à la maison.

POUR LES PARENTS

1. Où est-ce que je m'attendais à ce que l'église soit responsable de la formation disciple de mes enfants?

2. Qu'arrivera-t-il si mes enfants reproduisent la façon dont je suis Jésus?

3. Quand puis-je planifier un moment spécial pour partager mon histoire du salut avec mes enfants ?

4. Où dois-je suivre Jésus plus sérieusement?

POUR LES OUVRIERS DU MINISTÈRE

1. Où ai-je enseigné des leçons sur suivre Jésus sans partager ma trajectoire?

2. Qui a besoin de temps de formation de disciple de tête-à-tête avec moi?

3. Qu'est-ce qui démontre mon engagement à former des enfants?

4. Que puis-je faire différemment en tant que faiseur de disciple cette semaine comme j'entrecroise les vies des enfants?

A-LA PRIERE D'UN FORMATEUR DE DISCIPLE

Aimable Dieu, si te suivre aide les autres à spécialement les enfants — alors aide-moi à te suivre de plus près, obéir plus complètement, et partager mon témoignage plus spécifiquement. — Un disciple sérieux.

LEÇON 2
ÉCOUTANT L'APPEL DE JÉSUS

«Viens, suis-moi,» dit Jésus.
-MATTHIEU 4:19

«Trevor!» Sa mère a appelé par la porte arrière. C'était juste quelques secondes avant que Trevor ne réponde en courant vers la voix qu'il connaissait appartenait à sa mère. Quoi qu'il ait eu été en train de faire la deuxième place à présenter son auto devant sa mère.

Bien sûr, les enfants ne répondent pas toujours aux parents immédiatement. Ils ne lâchent pas non plus tout pour répondre à un corps entier en concentration. Mais quand ils le font, qu'est-ce qui se passe?

- Ils reconnaissent qui a appelé.

- Ils comprennent comment répondre leur bénéficie.

- Ils démontrent un désir de répondre.

- Ils arrêtent tout ce qui ne les aide pas à répondre.

Nous savons tous que parfois les enfants répondent aux parents hors du devoir ou juste pour éviter les ennuis. Aucun des deux apporte des résultats positifs. La maturité productrice de croissance se produit à mesure qu'ils apprennent l'importance de répondre rapidement à l'appel d'un parent.

Des moyens créatifs pour raconter l'histoire de Noël

• Transformez les chambres de votre maison en des endroits d'Histoire de Noël (le palais d'Hérode, la route vers Bethléem, le champ, l'étable). Endroit des pièces de costume appropriées et / ou des accessoires dans chacun.

Déplacez d'une chambre à l'autre en racontant l'histoire aux enfants en utilisant des costumes et des accessoires.

• Une mère a transformé sa dépendance inutilisée en

étable et raconte l'histoire de Noël pour étendre a la famille, dont la plupart n'avaient pas fait de profession de la foi en Christ.

• Déballez un jeu de la Naissance comme la décoration de la première Noël. Choisissez des endroits dans différentes parties de la maison pour Marie et Joseph, les bergers et les Rois Mages. Chaque jour, déplacez différents chiffres plus près de l'étable lorsque vous parlez de l'histoire.

• Enveloppez la statue bébé Jésus d'un jeu de la Naissance et le mettre sous le sapin de Noël pour être ouvert comme la première chose au matin de la Noël. Alors lisez l'Histoire de la Noël.

Comment un enfant entend-il et reconnaît-il l'invitation de Jésus? Regardez l'histoire de Dieu appelant à Samuel. Quand Samuel était un petit garçon, Dieu l'a appelé, mais Samuel au début n'a pas reconnu qui l'avait appelé. Il ne s'attendait pas à ce que quelqu'un, sauf Eli, interrompe son sommeil et demander son attention. Samuel a répondu la manière dont il était prêt à répondre — il s'est renseigné auprès d'Eli.

Alors qu'a fait Éli quand Samuel est venu lui répondre? Il l'a renvoyé parce qu'il ne l'avait pas appelé. Samuel obéissant retourna au lit, mais pas pour longtemps. Une fois de plus, il a entendu un appel. Sans hésitation, Samuel est retourné à Éli. Mais encore une fois, Éli ne l'avait pas appelé et renvoyé le petit garçon à son lit. Cela s'est arrivé une troisième fois - et c'est à ce moment qu'Éli s'est rendu compte de ce qui se passait vraiment.

Voici ce qui est intéressant et ce qui est aussi une leçon importante à nous tous. Éli n'a pas passé beaucoup de temps pour expliquer ce qui s'était passé. Il a simplement dit à Samuel comment réagir, de lui répondre par les mots «Parle, Seigneur, car ton serviteur écoute» (1 Samuel 3:9). Lorsque Samuel a suivi cette instruction, une toute nouvelle relation a commencé entre un enfant et son Dieu, celui qui a influencé et façonné le reste de sa vie.

C'est ce que nous voulons pour nos enfants, n'est-ce pas? Écoute précoce, répondre tôt. Cependant, cela n'arrive pas dans le vide. Ce n'est pas une réponse automatique à la présence, à l'église ou d'école dominicale. Puisque répondre à l'invitation de Jésus à le suivre exige une réponse du cœur, il faudra un enseignement profond, modeler et nourrir à plusieurs niveaux pour préparer nos enfants à écouter, reconnaître et répondre à l'invitation de Jésus. Comment pouvons-nous faire cela?

RACONTEZ L'HISTOIRE

Les parents devraient être les premiers à partager l'histoire du salut avec leurs enfants. Ensuite, les ouvriers du ministère ont l'opportunité de construire sur la compréhension d'un enfant de ce que cela signifie de vivre l'histoire. C'est là que le partenariat entre la maison et l'église est important. Si vous êtes un parent, demandez les ressources et la formation qui vous aidera. Si vous êtes un employé du ministère, recherchez des manières créatives pour les fournir.

Trouvez autant de moyens que vous pouvez pour raconter l'histoire de Jésus et Son don du salut à nous. Achetez des livres de contes bibliques spéciaux qui racontent les histoires de Noël et de Pâques. Personne ne dépasse les versions magnifiquement illustrées de ces histoires intemporelles. Faites du partage du plan de salut de Dieu une partie clé de la Noël de votre famille et les fêtes de Pâques. Faites de même dans les classes que vous enseignez. Continuez à partager comment le don du salut de Dieu a changé complètement votre vie.

Le guide du leader est disponible à télécharger gratuitement pour «Mon meilleur ami, Jésus» offre un modèle pour un évangile simple et une présentation complète de l'évangile. Cela vous aide à raconter l'histoire de Jésus d'une manière ajustée pour expliquer le plan du salut de Dieu.

Combien de fois les enfants ont besoin d'entendre l'histoire du salut avant qu'ils répondent à l'invitation de Jésus? Il n'existe pas un numéro magique. Cependant, si nous sommes intentionnels dans nos familles et notre ministère missionnaire pour partager l'histoire du salut de Dieu, nous augmentons la probabilité qu'à un moment donné l'enfant sera prêt.

Dans 1 Pierre 3:15, on nous rappelle: "Mais sanctifiez dans vos cœurs Christ le Seigneur, étant toujours prêts à vous défendre, avec douceur et respect, devant quiconque vous demande raison de l'espérance qui est en vous". Ce n'est pas seulement une réprimande pour les ouvriers du ministère. Cela inclus les parents aussi. Soyez prêt avec une liste de versets clés. Soyez prêt avec un moyen simple de partager le plan du salut de Dieu. Vous ne devez pas être un théologien ou quelqu'un avec le don spirituel d'évangélisation. Si vous continuez à être transformé parce que votre décision est de suivre Jésus et avoir un lien positif avec un enfant, vous êtes la meilleure personne pour partager l'histoire.

COMMENT UN ENFANT PEUT-IL CROIRE DE TRÈS TOT?

J'ai vu dans mes années de ministère que les parents qui passent plus de temps à parler à leurs enfants à propos de Christ et sont de bons modèles pour leurs enfants, et ils ont les enfants qui sont prêts à prendre une décision depuis à un plus jeune âge.

—Maryanne, ministère préscolaire

A quel point un enfant peut-il vraiment croire de très tôt? Il y en a autant de réponses à cette question comme il y a des enfants. Peut-être parler à propos d'un "âge" est trompeur. C'est plus comme une scène. Tandis que les années élémentaires peuvent être le temps prévu, il y a des enfants qui répondent à Jésus plus tôt ou plus tard.

Les enfants répondront à l'invitation de Jésus avec le même développement de la capacité qu'ils présentent dans d'autres domaines de leur vie. Suivre Jésus n'aide pas un enfant à mûrir plus vite. Plutôt, suivant Jésus façonne le processus de la maturité. Le principe est de favoriser une compréhension et une réponse adaptée à l'âge. De très jeunes, des enfants répondent à l'amour de Jésus, des enfants d'âge préscolaire plus âgés commencent à se connecter et aimer Jésus avec des actions d'amour, tout en élémentaire, les enfants peuvent éprouver des remords spirituels sur le péché et répondre au pardon de Jésus. Il est essentiel que les parents et les enseignants cherchent les signes dans la vie d'un enfant qu'il ou elle obtient prêt à répondre à une invitation de Jésus.

Le plan du salut de Dieu

Dieu est tout amour et veut avoir une amitié amoureuse avec toi. (Voir 1 Jean 4:16.)

Le péché brise notre amitié avec Dieu. (Voir Romains 3:23.)

Dieu nous a tellement aimés qu'Il a envoyé Jésus, Son Fils à se charger de notre problème du péché. (Voir 1 Jean 4:9.)

Jésus a volontairement payé la punition pour notre péché en mourant sur une croix. (Voir Romains 5:8.)

Dieu a ressuscité Jésus pour que quiconque croit en ce que Jésus a fait puisse aussi avoir la vie de Dieu. (Voir Actes 5:30 et Romains 3:23.)

COMMENT SAVEZ-VOUS QUAND UN ENFANT EST PRÊT?

Il n'y a pas de test décisif que nous pouvons appliquer pour déterminer quand un enfant est prêt à suivre Jésus. Jésus s'occupe de chaque enfant sur la personnalité, l'expérience, les connaissances et les capacités. Cependant, il y a des signes que nous pouvons rechercher.

Faites attention à leurs questions. Les questions des enfants nous disent beaucoup sur ce qu'ils pensent. Des questions sur le baptême, communion, et le ciel peut facilement vous conduire à parler avec un enfant à propos de suivre Jésus.

Faites attention à leurs réponses. Les réponses des enfants viennent de la façon dont ils perçoivent le monde. Alors que les adultes trouvent beaucoup de leurs perceptions humoristiques, ils peuvent comprendre beaucoup de choses sur ce que les enfants comprennent en identifiant la source des réponses qui ne s'alignent pas avec les faits et la vérité. C'est particulièrement vrai avec la compréhension d'un enfant de Dieu. Posez des questions pour trouver pourquoi un enfant pense comme il ou elle le fait. Au cours du processus, vous pouvez réaliser qu'un enfant pense davantage à Dieu et des faits spirituels que vous attendiez.

Soyez attentif à leur intérêt pour les questions spirituelles. Cherchez des façons dont les enfants professent des conversations et des questions sur les questions spirituelles. Si un enfant veut appliquer une leçon biblique à la vie sans l'appui d'un adulte, c'est un signe certain que Jésus fait Son invitation connue de cet enfant. Soyez un Éli et aidez l'enfant à comprendre comment répondre Jésus. Quand les enfants commencent à établir les liens personnels entre leur vie et le don de Jésus, ils sont très proches de réaliser une histoire personnelle.

Répondez aux peurs au sujet de leurs vies spirituelles. Le manque de compréhension d'un enfant de son monde peut unir les choses qui produisent la peur. La connaissance que quelqu'un vise toujours peut ne pas être une pensée réconfortante pour un enfant jusqu'à ce qu'il soit raisonnable avec l'amour parfait de Jésus. Alors que Jésus n'utilise pas la peur pour attirer l'attention d'un enfant, nous devons comprendre la peur comme un signe qu'un enfant veut une sécurité que seulement Jésus peut donner.

Soyez sensible à leur malaise ou au rejet des questions spirituelles. Parfois, les enfants se battent contre ce qu'ils veulent vraiment, parce qu'ils craignent que cela ne puisse jamais être vrai pour eux. Regardez vers la source de cet inconfort. Parlez de comment les disciples étaient différents quand Jésus les a invités à le suivre. Jésus connaît chacun de nous par une personnalité unique et nous demande de faire tout simplement ce qu'Il sait que nous pouvons accomplir.

LE PLAN ACC DU SALUT

Quand un enfant est prêt à dire oui à Jésus, il est important de guider l'enfant à travers un processus simple pour souligner le changement des composants de la vie. «Simple» est le meilleur pour les enfants. Le plan ACC comprend trois grandes lignes: Admettre, Croire et Confesser. Le Guide du leader téléchargeable gratuitement pour «Mon meilleur ami, Jésus» partage également cela comme un moyen de guider la prière d'un enfant pour devenir un disciple de Jésus.

A est pour *Admettre*. Dites à Dieu que vous l'aviez désobéi. (Voir Romains 3:23.)

C est pour *croire*. Croyez que Dieu vous aime et a envoyé Son Fils, Jésus, pour que vous puissiez être pardonné. Demander et recevoir le pardon de Dieu. (Voir Jean 3:16.)

C est pour *confesser*. Confessez Jésus en tant que votre Sauveur et meilleur ami. «Confesser» signifie savoir avec certitude que Jésus est votre Sauveur. Commencez vivre comme un enfant de Dieu. (Voir Romains 10:13.)

COMMENCER LE VOYAGE

Maintenant, le plaisir commence! Il n'y a vraiment rien de plus émotionnant que d'aider un nouveau croyant à explorer l'aventure de suivre Jésus. Soyez prêt avec le «Hmm... Voulez-vous suivre Jésus?». C'est une étude biblique simple et interactive qui aborde les éléments clés de la nouvelle vie en Christ. Immédiatement, enseigner un enfant comment la Parole de Dieu devient maintenant une carte pour la vie. Apprendre ce que la Parole de Dieu dit et signifie deviendra une motivation et une quête passionnante. Rappelez à un enfant que la prière est notre moment ...ligne de vie par moment à Dieu. Dieu écoute et prêt à partager tout ce qui nous aidera à vivre cette nouvelle vie. Le chapitre 3 partage des façons que la famille, les ouvriers du ministère et la communauté de foi peuvent célébrer et affirmer la décision de l'enfant pour suivre Jésus. Les chapitres 5 et 6 parlent spécifiquement sur la prière et l'étude de la Bible.

Rencontrez les ouvriers du ministère des enfants pour prier ensemble à propos de la décision d'un enfant de devenir un disciple de Jésus. Faire ceci est une relation continue de responsabilité et de soutien.

IL SUFFIT DE DEMANDER

Ne soyez pas surpris si les enfants trouvent plus facile d'entendre l'invitation de Jésus que nous attendons. Thomas, 4 ans, a demandé à son père pourquoi Jésus est mort sur la Croix. C'était le jour où les parents de Thomas avaient prié toujours depuis lorsqu'ils savaient qu'il allait naître. Avec amour et simplicité, le papa a raconté l'histoire de Pâques. Alors il a demandé si Thomas voulait recevoir Jésus dans son cœur. Thomas leva les yeux vers son père et dit, «Je l'ai déjà fait». Stupéfait, son père a demandé quand cela est arrivé. Avec la nonchalance que seul un enfant partage, Thomas a déclaré: «Quand je jouais aujourd'hui».

Alors que son père a accepté ce que Thomas a dit, à l'intérieur il doutait qu'un enfant de quatre ans puisse faire une telle découverte. Plus tard, Dieu a rappelé au père que ce n'était pas à lui de déterminer ce que Thomas a compris à propos d'une décision de suivre Jésus. C'était sa responsabilité d'aider Thomas à apprendre ce que cela signifiait.

Rappelez-vous: Jésus apprécie la ressemblance avec les enfants. Il lève leur innocence et simple confiance comme des exemples pour les adultes à imiter. Ce sont les caractéristiques qui aident les enfants à entendre et à répondre à l'invitation de Jésus de très tôt. Acceptez leur décision de suivre Jésus même quand il semble provenir d'une compréhension incomplète.

C'est ainsi que Jésus les accepte. Laissez leur compréhension à propos de ce que cela signifie d'être des disciples de Jésus grandir à un rythme similaire à leur développement physique, mental et émotionnel.

Quel moment précieux quand un enfant fait la connexion pour comprendre ce que Jésus a fait pour lui!

—*Mary Beth, employée du ministère*

PRENDRE UNE DÉCISION PERSONNELLE

Répondre à une invitation à suivre Jésus est toujours individuelle et personnelle. Alors que les parents et les enseignants peuvent influencer le processus, nous ne pouvons pas fabriquer la réponse. Ce n'était pas assez pour qu'André amène son frère

Simon à Jésus ou pour Philippe d'emmener Nathanaël. Simon et Nathanaël ont dû répondre aux implications de l'invitation de Jésus pour eux-mêmes.

Pour nous, cela signifie que nous pouvons amener nos enfants à Jésus, mais à moins qu'ils répondent à son invitation, ils ne deviendront pas disciples. Ils doivent être capables de reconnaître la voix de Jésus, prêter attention à cette voix, et répondez avec des actions qui les placent dans le cercle d'enseignement de Jésus. Ils doivent s'engager dans une relation marquée par la communication en tête-à-un entre un disciple naissant et le faiseur de disciple. Si comme parents ou enseignants nous établissons des situations dans lesquelles un enfant dépend seulement de ce que nous disons à propos de Jésus, nous élevons des enfants qui ne n'attendent pas à apprendre directement de Jésus. Ils peuvent s'attendre à Jésus pour diriger les parents et les enseignants, les pasteurs et les missionnaires, mais ils peuvent ne pas comprendre qu'ils peuvent se tenir épaule contre épaule dans ce même groupe et entendre les mots d'invitation de Jésus et direction à eux.

SUIVRE TOUT AU LONG DE LA VIE

Écouter l'appel de Jésus n'est pas seulement pour commencer la relation avec Jésus en tant que disciple. C'est une compétence permanente. Quoi de mieux le temps que l'enfance pour commencer un voyage de disciple qui est tout d'écouter et de répondre à ce que Jésus dit? Qu'il prend un bracelet de rappel QFJ (Que ferait Jésus?) ou conversations quotidiennes dans la famille, l'activité fondamentale du disciple commence et continue en écoutant Jésus. Comment pouvez-vous en tant que parent ou enseignant encourager un enfant à suivre Jésus quotidiennement?

- Assurez-vous que suivre Jésus est votre priorité avant de parler à un enfant sur la façon dont devrait être sa priorité.

- Posez des questions qui demandent d'écouter Jésus pour trouver une réponse.

- Mémorisez les Écritures afin que Jésus puisse utiliser les Écritures comme rappels.

- Demandez aux enfants de partager des moments où Jésus leur a rappelé une écriture.

- Construisez la confiance que Jésus communiquera si nous écoutons.

- Partagez des façons qu'écouter Jésus vous aide à le suivre.

Jésus a appelé la foule à lui et dit,
«Écoutez et comprenez».
—Matthieu 15:10

S'ILS N'ÉCOUTENT PAS DE JÉSUS À LA MAISON

Beaucoup d'enfants à l'église viennent de foyers où l'écoute et suivre Jésus ne sont pas une priorité. Assurez-vous que l'enfant comprenne que ce n'est pas un choix entre écouter Jésus et écouter les parents. Écouter Jésus aidera un enfant à être plus aimable et obéissant aux parents. Ceci est important pour les enfants de comprendre.

Cherchez des moyens spéciaux pour soutenir ces enfants. Passer un par un, une fois avec eux pour gagner le droit de poser des questions sur des questions spirituelles. Lorsqu'il y a personne à la maison pour lui demander ce qu'ils pensent à propos de Dieu et son histoire, prévoyez de trouver des moyens de poser les questions que vous désirez que les parents demandent. Quand un enfant expose sa sensibilité spirituelle, envisagez d'ajuster l'enfant avec un mentor qui puisse l'aider chaque semaine et soit disponible pour des questions et un soutien supplémentaire.

Rejoignez l'enfant en priant pour les parents. Aidez l'enfant à réaliser ce que signifie être aimé dans la famille de Dieu.

Celui qui a des oreilles, laissez-le entende.

—Matthieu 11:15

SOYEZ UN ÉLI DANS LA VIE D'UN ENFANT.

Chaque enfant a besoin d'un Éli qui cherche des signes que Jésus est en train d'appeler un enfant. Soyez là pour encourager une réponse de Samuel quand un enfant entend Jésus fait son invitation à le suivre. Soyez là pour expliquer les prochaines étapes. Soyez là pour célébrer de nouvelles compréhensions

et la croissance. Que ce soit en tant que parent ou ouvriers du ministère, nous devenons des collègues avec Dieu dans sa mission pour obtenir ses enfants à la maison. Nous devenons des faiseurs de disciples. Nous influençons le destin éternel des enfants.

POUR LES PARENTS

1. Comment pouvez-vous démontrer à votre enfant, que Jésus l'invite à le suivre?

2. Comment avez-vous reconnu et répondu à l'invitation de Jésus dans votre vie d'enfance?

3. Comment pourriez-vous planifier de raconter l'histoire de Noël et de Pâques d'une manière spéciale cette année?

4. Êtes-vous prêt avec un plan simple et des écritures à aider votre enfant à prendre une décision personnelle de suivre Jésus?

POUR LES OUVRIERS DU MINISTÈRE

1. Avez-vous partagé avec les enfants comment Jésus vous a appelé pour être Son disciple? Si non, quand pourriez-vous?

2. Quel est votre plan pour présenter l'histoire du salut aux enfants dans votre mission ministérielle?

3. Comment pouvez-vous être un Éli dans la vie d'un enfant?

LA PRIÈRE D'UN FAISEUR DE DISCIPLE

Dieu Omniprésent, je veux être prêt à partager ton histoire avec les enfants d'une manière qui leur donne envie de te suivre pour le reste de leurs vies. Aide-moi.

LEÇON 3

AFFIRMATION DE FOI

Maintenant que la foi est venue.

-GALATES 3:25

Quand Jacob a dit à ses parents qu'il avait pris une décision de suivre Jésus pendant le culte des enfants, ses parents étaient en extase. Ils voulaient qu'il appelle ses grands-parents. Ils parlaient de ce sujet pendant le déjeuner. Ils voulaient le conduire hors de la maison pour prendre de la crème glacée. Il y avait des câlins supplémentaires et une prière spéciale que son père a toujours faite. Hou la la! Jacob pensait. C'est un plus grand affaire que je me suis rendu compte.

La manière dont nous réagissons face à la décision d'un enfant de suivre Jésus est extrêmement importante. Il définit un modèle pour la façon dont nous allons traiter les autres décisions spirituelles. Les enfants prennent leurs repères importants d'adultes dans leurs vies. Bien qu'il existe des exceptions, les enfants apprécient généralement ce que les adultes influents estiment dans leurs vies. Comme parents et enseignants, nous sommes les principaux influenceurs. Comment pourrions-nous valoriser et affirmer la décision d'un enfant de suivre Jésus? Comment communiquons-nous le désir de Dieu pour que ce soit un choix perpétuel comme un engagement quotidien? Comment initions-nous un processus qui aide un enfant à apprendre ce que signifie vivre en tant que disciple de Jésus? Nous avons tous du travail à faire pour célébrer et nourrir cette décision.

AFFIRMER

Affirmer, c'est faire une déclaration d'intention spécifique. C'est pour valider, confirmer, et nous consacrer à un but précis. Quand un enfant fait la déclaration pour vivre sous la règle et le tutorat de Jésus, la famille immédiate et la longue famille de Christ ont l'opportunité de reconnaître cette décision et le soutenir. La célébration doit avoir une vie transformée, sentir à cela qui communique à l'enfant comment est grand le cercle du soutien. Il doit ouvrir la porte à une aventure pour apprendre à vivre la décision de suivre le Christ.

CÉLÉBRONS DE NOUVELLES DÉCISIONS

Tout le monde aime une fête. Nous célébrons les anniversaires, les graduations, victoires sportives, premiers jours, derniers jours. Nous cherchons toujours une excuse pour rassembler les gens pour une raison spéciale. Cependant, comme nous passons en revue la liste de ce que nous avons généralement célébré, où sont les parties pour les victoires spirituelles? Jésus lui-même nous a enseigné que «Il y a de la joie en présence des anges de Dieu pour un pécheur qui se repent» (Luc 15:10).

Si la décision de suivre Jésus est une raison suffisante pour célébrer au paradis, ne devrions-nous pas faire la même chose? D'ailleurs, quelle meilleure façon d'affirmer la décision d'un enfant qu'avec une célébration? Les enfants comprennent ce que signifie célébrer.

CÉLÉBRER COMME UNE FAMILLE CHRÉTIENNE.

Suivant à entrer dans le monde physique comme une respiration d'air humain, la naissance dans la vie spirituelle en Christ est tout aussi changeante du monde. Faites-en tout aussi important.

- Notez la date dans un endroit spécial, comme une Bible de famille.

- Appelez la famille ensemble pour une prière spéciale.

- Créez votre propre certificat de mémoire et affichez-le dans la chambre de l'enfant comme un rappel visuel.

- Invitez vos amis et votre famille a une célébration de naissance spirituelle. Demander aux célébrants d'apporter une phrase pour inclure dans un livre de souvenir. Envisagez de partager d'autres histoires du salut familial dans cette occasion.

- Donnez un cadeau pour honorer la décision. Cela pourrait être n'importe quoi d'une nouvelle Bible à quelque chose de symbolique.

- Célébrez cet anniversaire spirituel chaque année comme un temps pour évaluer la croissance spirituelle et fixer de nouveaux objectifs pour l'année à venir.

CÉLÉBRER COMME UNE COMMUNAUTÉ DE FOI

La famille de l'église a aussi besoin de trouver sa place pour célébrer des nouvelles décisions de foi, en particulier avec les enfants. Il y en a autant de façons de le faire comme font des congrégations. Trouvez la façon que cela puisse favoriser votre congrégation. Revoyez votre plan souvent, surtout quand le leadership clé change.

Que vous soyez un parent ou un ouvrier du ministère, partagez la décision de l'enfant avec le personnel clé du ministère. Trouvez un moyen d'aider l'enfant de donner un témoignage public. Cela pourrait être aussi simple que de travailler avec votre pasteur en invitant l'enfant et la famille à venir à l'autel à l'heure de la prière. Cela pourrait aussi inclure l'éclairage d'un salut flamboyant en partageant le nom de l'enfant qui a pris une nouvelle décision pour Christ. Parfois, interviewer un enfant à propos de sa nouvelle décision est approprié. Les responsables du ministère devraient encourager les croyants adultes à trouver leur propre façon de soutenir l'enfant dans ce nouveau voyage. Certains peuvent écrire une note; d'autres peuvent partager leurs félicitations en personne. Il y a une grande responsabilité en rendant publique une décision personnelle de suivre Jésus. Les premiers disciples étaient très publics au sujet de leur engagement et en tant que disciples de Jésus. Nous devons aider les enfants à faire de même.

PROPAGER LES NOUVELLES

Les histoires des disciples de Jésus nous rappelle que quelqu'un a dit toujours à quelqu'un d'autre à propos de Jésus. Encouragez l'enfant à appeler quelqu'un qui a prié pour cette décision dans la vie de l'enfant. Ceux pourraient être des grands-parents, une tante, un enseignant de l'école du dimanche, ou autre ami de la famille. Parlez de comment témoigner à des amis à l'école. Expliquez comment utiliser les opportunités qui démontrent les changements que suivre Jésus a débuté. Ceux-ci peuvent impliquer le langage, l'attitude, montrant plus de compassion, et un certain nombre d'autres facteurs.

Aidez les enfants à comprendre que parfois leurs amis remarquent un changement à cause de ce qu'une personne fait. Parfois ils remarquent un changement à cause de ce qu'une personne ne fait pas. Lancez des conversations avec l'enfant sur la façon dont Jésus peut habiliter un nouvel adepte d'utiliser ces opportunités comme un moyen de partager ses bonnes nouvelles avec les autres. Encouragez votre nouveau croyant à témoigner à quelqu'un et continuez à augmenter le cercle. La dernière instruction de Jésus sur la terre à nous tous était de faire des disciples. Le meilleur moment pour faire de cela une partie de la suite de Jésus suit immédiatement une nouvelle décision.

Les parents chrétiens ont la meilleure opportunité d'affirmer la nouvelle foi de l'enfant en Christ. La décision d'un enfant de suivre le Christ crée un autre lien de relation au sein d'une famille de sang. Ce n'est pas simplement la génétique ou le mariage qui crée le cercle familial. C'est le sang de Christ et son sacrifice. L'enfant et le parent sont unis d'une manière éternelle. En raison de cette nouvelle relation, cela devrait affecter les relations familiales de manière positive.

D'abord, cela crée des opportunités pour des conversations spirituelles de la famille. Ce sont des moyens informels de parler de la vie en Christ. Ils doivent être la norme au sein d'une famille chrétienne. C'est plus que «Qu'avez-vous appris à l'école du dimanche?» Comment Jésus a fait connaître sa présence tout au long de la journée. Le plus de conversations que vous avez avec votre enfant à propos de sa relation avec Jésus, plus vous pouvez être concentré sur votre responsabilité étant qu'entraineur de disciple.

Cela change aussi la façon dont une famille prie ensemble et individuellement. Les parents chrétiens ont besoin de prier plus après qu'un enfant fasse une décision pour le Christ, pas moins. Le voyage vient de commencer. Priez chaque jour pour que l'enfant comprend quelque chose de nouveau à propos de Jésus. Priez qu'il ou elle comprenne comment faire confiance à Dieu, Lui obéir, et n'arrête jamais d'apprendre à son sujet. Assurez-vous que ce n'est pas une occasion de prière unilatérale. Demandez à votre enfant de prier pour vous à propos d'une préoccupation. Cela modélise l'importance que vous accordez à la prière et la relation de l'enfant avec Dieu. Rappelez-vous: Jésus demandait à ses disciples de prier pour lui. C'était une partie importante de sa formation de disciple. Cela doit aussi faire partie des nôtres.

AFFIRMEZ AVEC PERSÉVÉRANCE

Nous n'abandonnons pas les nouveau-nés à eux-mêmes pour trouver la meilleure façon de grandir, et nous ne devrions pas abandonner les enfants qui ont pris des décisions de suivre Jésus. Ils ont besoin d'aide individuelle.

Il y a plusieurs façons d'y réaliser.

- Assurez-vous que l'enfant a un partenaire d'entrainement disciple. C'est un partenaire de prière, un animateur, un mentor. Même si les parents remplissent ce rôle d'abord, il est utile pour les enfants d'avoir au moins un autre supporteur.

- Utilisez «Alors … Vous voulez suivre Jésus?» Ceci est une semaine de cinq semaines d'étude de la Bible pour aider un enfant à comprendre les fondations clés pour une nouvelle foi. Les ouvriers du ministère peuvent l'utiliser dans un cadre de petit groupe. Les parents peuvent l'utiliser de manière informelle à la maison.

- Veillez à ne pas accabler un enfant dans les premiers stades de vivre cette décision. Rappelez-vous que le Saint-Esprit est le guide principal de l'enfant. Posez plus de questions que de donner des informations afin que vous puissiez coopérer et construire la compréhension d'un enfant.

• Assurez-vous que l'enfant a une version de la Bible qui correspond à sa compréhension et capacité de lecture. Le chapitre 6 parle de choisir une Bible pour chaque étape d'apprentissage et de maturité.

• Demandez à votre pasteur quand sera lieu le prochain cours du baptême, et parlez à l'enfant à propos de la participation.

• Encourager l'enfant à parler à Dieu tous les jours comme il ou elle parle à un ami. Voyez le chapitre 5 pour plus d'idées sur enseigner les enfants à prier.

• Parlez de l'importance de prendre la Bible au sérieux comme le moyen le plus important de savoir comment Dieu veut que ses enfants pensent, parlent, ressentent et agissent. Voyez le chapitre 6 pour les façons d'enseigner à un enfant à étudier la Bible.

Plus d'idées pour les parents

- Fixez un horaire régulier pour travailler avec votre enfant à travers l'étude biblique de «Hmm ... Voulez-vous suivre Jésus?»

- Fixez un temps régulier pour prier avec et pour votre enfant à propos de préoccupations spécifiques.

- Encouragez les enfants plus âgés à travailler avec des jeunes frères et sœurs pour développer leurs connaissances d'entrainement disciple.

Plus d'idées pour les Ouvriers du ministère

- Développez des courriels ou des notes postales d'encouragement pour envoyer aux nouveaux croyants.

- Envisagez un plan de suivi impliquant un groupe de famille, en particulier dans les situations où l'enfant n'a pas de soutien chrétien à la maison.

- Présentez à l'enfant une Bible appropriée à son âge.

Assurez-vous que votre processus pour affirmer une nouvelle décision en Christ permet à l'enfant d'expliquer ce qu'il ou elle comprend. N'assumez jamais rien; posez toujours des questions. «Que signifie cette décision pour toi?» "Pourquoi as-tu pris cette décision maintenant?» Puis construisez sur la compréhension de l'enfant. Par exemple, même si un enfant prend une décision pour le Christ parce que d'autres le faisaient, utilisez cela comme une opportunité pour aider l'enfant à connaître l'importance de transformer cette décision de groupe en décision personnelle.

Le Livre des Actes nous rappelle combien les apôtres étaient diligents en nourrissant de nouveaux chrétiens. Ils ont même visité des villes quand ils mettaient leurs vies en danger. Ils ont écrit des lettres pour encourager, affronter et enseigner. Aujourd'hui, nous avons des téléphones, e-mail, service électronique, et de multiples rassemblements d'église que nous pouvons utiliser pour l'entraînement disciple. Cependant, un entrainement disciple personnel en tête-à-tête établit des relations pour la responsabilisation.

Enseignement d'entrainement disciple à travers les Sacrements

• Expliquez la signification du baptême et de la communion.

• Utilisez le «Alors. . . Veux-tu être baptisé? «Et «Alors . . . Veux-tu prendre la communion?» dépliants et téléchargeables des guides de leaders.

• Assurez-vous que les enfants assistent aux services qui incluent le baptême et la communion.

• Répondez aux questions des enfants.

• Encouragez la curiosité respectueuse.

• Priez que les enfants comprennent l'histoire spirituelle après les sacrements.

• Quand un enfant prie pour devenir un disciple de Jésus, invitez-le à célébrer la décision avec le baptême et la communion.

Une nouvelle fille de deuxième année a écouté attentivement le sermon des enfants et m'a dit: «Mme. Becki, cela me semble que quand Jean-Baptiste a baptisé tous ces gens et ensuite Jésus, que-bien, Mme Becki, réaliser que les gens qui suivent Dieu se baptisent pour montrer qu'ils croient que Jésus est le Fils de Dieu?»Quand je l'ai assurée ce qu'ils font, elle a jailli «, Mme Becki, vous aurez le devoir de trouver un moyen de me faire baptiser!»

—Becki, ouvrière du ministère.

Le camp d'été a été toujours un moment fort pour moi de voir les enfants venir à connaitre Jésus. Je suis le camp avec une classe du numéro de membres et l'étude de la Bible et j'ai des enfants éprouver une célébration de la foi au service qui comprend la communion, le baptême, la prière et la guérison.

—Gerald, pasteur de disciple

FAITES AFFIRMER LES SACREMENTS

Les enfants répondent au message visuel que présente le baptême. Ils commencent à comprendre la confession publique impliquée en suivant Jésus. Ils aiment l'idée de célébrer leur décision d'une manière spéciale. C'est le don des sacrements. Ils montrent — ils ne le disent pas seulement. Bien sûr, nous devons préparer les enfants à comprendre ce que les sacrements démontrent. Nous devons expliquer qu'un sacrement est une action que Jésus nous a ordonné de répéter. Il montre une image extérieure de ce que Dieu a fait à l'intérieur. Nous avons besoin de parler d'eux comme des leçons d'objets ou des aides visuelles pour nous enseigner sur le don de la grâce de Dieu. Les protestants reconnaissent deux sacrements: le baptême et la Communion. Les parents et les ouvriers des ministères ont d'innombrables possibilités d'utiliser ces sacrements pour aider les enfants à comprendre et affirme ce que Dieu veut faire dans leur vie. Le scénario idéal se produit lorsque les parents aident les enfants à comprendre le sens et l'objectif des sacrements, et les ouvriers du ministère fournissent les occasions de vénérer et de célébrer à travers les sacrements. Comment les parents se préparent-ils pour ces opportunités importantes?

Le plus simple est d'amener les enfants aux services du baptême et de la Communion et être prêt à répondre à leurs questions. Écrire à toutes les questions que vous êtes incapable de répondre, et consultez votre pasteur. Suivez toujours avec l'enfant pour répondre à sa ou ses questions.

Assurez-vous que vous vous connectez implication dans les sacrements comme un moyen d'affirmer une décision de suivre Jésus. Considérez qu'assister un cours de baptême ou une classe d'adhésion à l'église avec votre enfant comme un moyen de traiter l'information ensemble, même si votre enfant n'est pas prêt à participer au baptême ou à l'adaptation. Utilisez les brochures «Alors … Veux-tu être baptisé?» et» Alors … Veux-tu prendre la communion?» Découvrez les idées et les activités incluses dans le guide du leader téléchargeable pour chacun. Partagez les informations que l'enfant est prêt à traiter et à appliquer. Laissez que les questions de l'enfant vous aident à savoir ce que c'est.

Soyez personnel dans la façon dont vous parlez au sujet des sacrements. Expliquez comment ils vous rappellent le don du salut de Dieu. Parlez de comment vous les utilisez pour revoir devant Dieu votre décision de suivre Jésus. Encouragez la curiosité avec révérence. Par exemple, la plupart des enfants sont très curieux de l'endroit où les gens sont baptisés. Il n'y a rien de mal à répondre à cette curiosité avec une visite au baptistère avec un ministre du personnel.

Dans un moment où la communauté de foi célèbre l'un des sacrements, ils peuvent suivre une conversation ciblée à ce sujet. Posez des questions telles que «Comprends-tu ce que cela signifie?» «As-tu remarqué à quel point c'était spécial?» Aidez les enfants à comprendre que célébrer les sacrements sont des moments remplis de la présence de Dieu.

Un enfant qui les comprend de cette manière utilise les sacrements comme une affirmation continue de la foi.

Baptême

Le moyen le plus important d'affirmer une nouvelle foi est avec le Baptême chrétien. Jésus est très clair au sujet de ce que cela représente dans la vie d'une personne qui se transforme. En fait, aucune autre confirmation n'est plus cruciale pour la personne et la famille de Dieu que la célébration du baptême chrétien. Ne négligez pas les immenses possibilité dans le processus de la formation de disciple.

Le baptême par immersion démontre ce qui arrive quand nous confessons notre foi en Jésus. Un nouveau croyant va sous l'eau, en parallèle ce qui est arrivé quand Jésus est mort et était enterré. Ensuite, le croyant sort de l'eau, élevé à la nouvelle vie que Dieu donne. L'eau, un agent nettoyant familier, représente le nettoyage que seul l'œuvre de Dieu peut faire. (Voir Colossiens 2:12.) Les mots ne peuvent pas expliquer la conversion de la même manière.

Ne sous-estimez pas le pouvoir de la classe de baptême en tant qu'une possibilité clé de présenter l'Évangile d'une manière que les enfants puissent comprendre. Le sens même reconstitue l'histoire du salut. C'est pourquoi il est important d'inviter les enfants qui montrent une sensibilité ou même la curiosité à l'invitation du Christ. Invitez les enfants à assister avec un parent au moins. Cela permet aux parents de renforcer l'information à la maison.

Il est important que le temps qui s'écoule entre l'affirmation de foi d'un enfant et le baptême soient une période relativement courte. Certains suggèrent qu'il n'y ait pas plus de trois à cinq semaines entre la décision de suivre Jésus et le baptême. Cela peut exiger au personnel pastoral à repenser la façon dont ils planifient les services de baptême.

Les églises qui n'ont pas d'accès facile à un baptistère peuvent avoir besoin d'envisager des façons pour un enfant de faire une affirmation publique jusqu'au prochain service de baptême.

Assurez-vous que la famille de l'église célèbre le baptême ensemble. Préparez des invitations spéciales qu'un enfant peut distribuer à des amis et parents. Vous pourriez être surpris de voir combien viendront à soutenir un enfant pour cet événement spécial. Prévoyez un moyen pour la famille et amis de rassembler et féliciter l'enfant. Rendez-le facile pour que la famille de Dieu célèbre les décisions de suivre le Christ.

Si nous ne faisons pas attention à enseigner un enfant de connaître le Christ, il ou elle grandira en pensant qu'être chrétien n'est rien de plus qu'un asile magique, une prière magique ou un emplacement de trempage magique.

—Reagan, pasteur des enfants

Affirmer la Communion

La première fois qu'un enfant participe à la Cène du Seigneur devrait être un moment très spécial pour la famille et la communauté de foi. Assurez-vous que le pasteur et les principaux ouvriers des enfants sachent que l'enfant participe en tant que disciple de Jésus pour la première fois. Si vous êtes le parent, donnez à votre enfant l'opportunité de partager ce que cela signifiait pour lui de prendre la communion avec le reste de la famille. Célébrez-le d'une manière spéciale. Faites une prière de bénédiction spéciale sur l'enfant qui participe à la communion pour la première fois.

Les ouvriers du ministère peuvent encourager les enfants à partager avec d'autres enfants pourquoi la communion est spéciale pour eux. Admettez une première communion, et connectez-la à la décision de suivre Jésus. Invitez un enfant qui n'a pas de soutien chrétien à la maison d'essayer avec vous. Ou recrutez une famille qui "adoptera" un enfant. Encouragez d'autres enfants dans la famille pour modéliser le sens de Communion. Ne sous-estimez pas le rôle des enfants en cherchant les autres enfants. D'ailleurs, c'est une partie critique d'apprendre à être un faiseur de disciples.

LE CALENDRIER CHRÉTIEN

Une façon d'aider les enfants à voir leur vie à la lumière du don du salut de Dieu est de célébrer le calendrier chrétien. Cela implique plus que de se souvenir de ce que Dieu a fait dans la Noël et aux Pâques.

Il comprend des façons de célébrer les semaines précédentes et celles qui suivent ces points charnières de l'histoire chrétienne. Alors qu'il y a plusieurs versions du calendrier chrétien, voici une liste simple de quelques-unes des saisons les plus basiques:

L'Avent: Les quatre semaines menant à Noël fournissent une possibilité de se préparer pour le message spirituel du don de Dieu. En utilisant une couronne du début, des bougies, des dévotions spéciales, et des activités familiales garderont le vrai message de la Noël comme une priorité dans votre famille et l'église.

Noël: L'anniversaire de la naissance de Jésus est déterminé avec les traditions familiales. Assurez-vous qu'il contient autant d'activités pour se concentrer sur la raison pour laquelle la naissance de Jésus est si importante. À l'église, aidez les enfants à dépasser la commercialisation. Produisez des festivités et l'excitation, mais se concentrer sur les fondements spirituels de la Noël.

Épiphanie: Également appelé Jour des Rois, les 12 jours suivant la Noël rappelle le moment où le mage oriental est venu à adorer Jésus. Cette fois-ci célèbre le désir de Dieu d'inclure le monde entier dans Son plan pour le salut. C'est un bon moment pour faire des plans de famille pour une poussée de mission personnelle dans votre quartier, famille élargie, ville ou des autres zones du monde. Puisque certains enfants peuvent être absents à l'église pendant les vacances de Noël, cela vous permet d'étendre la célébration de la naissance de Jésus.

Temps Ordinaire: «Ordinaire» vient d'ordinal, comme dans les nombres à compter. C'est le moment suivant l'Epiphanie jusqu'au Carême et après la Pentecôte jusqu'à la période occasionnelle. Utilisez ces jours pour vous concentrer sur différents aspects de la vie d'entrainement de disciple ou les histoires de Jésus.

Carême: Ces 40 jours ouvrés mènent au Vendredi saint et se terminent le samedi avant les Pâques. C'est le moment de réfléchir à propos de ce que Jésus a fait pour nous.

Beaucoup de personnes le font sans du plaisir ou de la nourriture pour souligner le sacrifice de Jésus.

Semaine Sainte: C'est la semaine avant les Pâques. C'est le moment de revoir la dernière semaine de Jésus. Il commence avec le dimanche des Rameaux et aussi comprend le Jeudi Saint et le Vendredi Saint.

Pâques: C'est le dimanche que Dieu a ressuscité Jésus d'entre les morts et c'est le pivot du calendrier chrétien. Encore une fois, cette journée a beaucoup de composantes laïques et familiales. Évaluez votre célébration à la maison et à l'église basée sur comment cela aide vos enfants à connaître le vrai sens des Pâques.

Pentecôte: 50 jours après Pâques, c'est le dimanche dont on célèbre le don du Saint-Esprit. Revoyez ce que cela signifie vivre par la puissance du Saint-Esprit dans votre famille et à l'église.

Temps Ordinaire: Comme expliqué ci-dessus, ceci est le nombre de jours comptés jusqu'à la période occasionnelle et c'est un bon moment de passer en revue les enseignements de Jésus.

Pour plus d'idées sur la façon d'utiliser le calendrier chrétien dans votre famille ou votre salle de classe, consultez la version guide du leader téléchargeable de 13 semaines pour ce livre, ou des idées de votre propre recherche.

Nous installons autant d'événements sur nos calendriers - pourquoi ne pas commencer à marquer nos calendriers avec des rappels qui nous gardent concentrés sur ce que Dieu a fait pour nous? Quand nos enfants comprennent que la vie de Jésus est quelque chose dont nous parlons et célébrons tous les jours à la maison comme à l'église, ils ne peuvent pas aider mais, ils voient comment Jésus est la chaîne et la trame de la vie. C'est un élément critique en créant un contexte qui encourage un enfant à prendre une décision à vie de suivre Jésus.

UNE AFFIRMATION OUI!

Il y a peu d'opportunités dans le ministère aussi gratifiant que devenir une partie d'un processus d'entrainement de disciple qui affirme un enfant à partir d'un voyage à vie pour suivre le Christ. Nous disons à cet enfant: «Oui, nous sommes d'accord avec la décision que tu as prise. Oui, nous sommes sur le même voyage. Oui, nous voulons que tu ailles avec nous.

L'affirmation de Dieu à nous c'est que nous puissions vivre chaque jour de nos vies en relation avec Lui. Enseignez aux enfants à entendre et apprécier l'affirmation de Dieu est un processus passionnant. Juste pensez—si les enfants vivent l'affirmation de Dieu tous les jours de leurs vies, révisez cela pendant les moments difficiles, et partager leur affirmation avec leur amis, quel type de gens de foi deviendront-ils? Comment vont-ils changer ce monde? Découvrons-les.

POUR LES PARENTS

1. Comment avez-vous célébré la décision de votre enfant de suivre Jésus? De quelles façons aimeriez-vous célébrer cela?

2. Quelle place le baptême joue-t-il dans l'affirmation de votre foi? Comment avez-vous ou comment allez-vous communiquer cela avec votre enfant?

3. Qui, en dehors de vous, a aidé dans l'entrainement de votre enfant? Avoir des conversations avec quelqu'un qui remplit ce rôle, et se mettre à jour les uns les autres sur les progrès que vous voyez.

4. Comment pourriez-vous utiliser le calendrier chrétien comme une partie de votre tradition familiale?

POUR LES OUVRIERS DU MINISTÈRE

1. Savez-vous quel est le plan de votre église pour célébrer de nouvelles décisions pour Christ? Avez-vous d'autres ouvriers du ministère introduisant ce plan dans les affectations du ministère?

2. Savez-vous comment votre église identifie les candidats au baptême? Y a-t-il un élément qui permet aux enfants d'apprendre et participer au baptême?

3. Travaillez-vous avec des enfants qui n'ont pas de soutien de formation disciple à la maison? Comment pouvez-vous créer un plan qui leur donne le soutien dont ils ont besoin?

4. Quel plan avez-vous ou devez-vous faire pour assurer le suivi des enfants qui prennent de nouvelles décisions pour suivre Jésus?

LA PRIÈRE D'UN FAISEUR DE DISCIPLE

Dieu d'affirmation, aide-moi à vivre ton affirmation afin que les enfants de mon cercle d'influence aient faim de recevoir et appliquer ton affirmation à leurs vies. — Célébrer ma vie en toi!

LEÇON 4

SUIVRE POUR OBÉIR

Si tu m'aimes, tu obéiras à ce que je commande.

-JEAN 14 :15

Quand Jésus a appelé ses disciples, il n'y avait pas beaucoup de discussion à propos de l'invitation. Il a appelé par leurs noms et les a invités à le suivre. Dans toutes les situations, les hommes l'ont pris comme un changement de vie total. Ils ont quitté les bateaux de pêche, les familles, abri, et de l'argent. Suivre Jésus a changé tout ce qu'ils ont fait tous les jours. Tout ce que Jésus a dit, ils l'ont fait. Ils ont suivi ses instructions à propos de leur premier voyage missionnaire indépendant. (Voir Luc 9: 3-6, 10.) Ils sont allés de l'avant quand il leur a donné des instructions sur la planification de la Pâque (Voir Luc 19:29.). Et quand Jésus leur a dit d'attendre à Jérusalem jusqu'à ce qu'ils reçoivent le Saint-Esprit, ils attendaient. (Voir Luc 24:49). Plus ils l'ont suivi, plus ils comprenaient l'importance de l'obéissance.

Obéir à Jésus les a toujours amenés à la bonne personne ou à la bonne action. L'obéissance est la caractéristique indubitable d'un disciple de Jésus. Ce n'est pas quelque chose à débattre à chaque tour de périple. La décision de suivre Jésus est une décision de Lui obéir.

Les enfants doivent comprendre cela et ancrer les premières étapes de leur disciple dans l'obéissance. Obéir à Jésus est là où la croissance est née. Il est important qu'ils connectent l'obéissance à une relation d'amour. Sans amour, l'obéissance est un devoir. Avec l'amour, l'obéissance est un privilège qui aboutit à plus d'être possible sans cela.

Il y a 169 occurrences d'une forme du mot «obéir» dans l'Ancien Testament et 62 occurrences dans le Nouveau Testament, en fonction de la traduction que vous utilisez. Douze des nouvelles occurrences de Testament sont des citations directes de Jésus. Il y a pas de substitut à l'obéissance, il n'y a pas de moyen de suivre Jésus sans Lui obéir.

ENSEIGNER L'OBÉISSANCE

Enseigner aux enfants à obéir est l'une des premières tâches importantes de la paternité et d'entrainement disciple. Il ne faut pas longtemps avant de réaliser que les enfants ne sont pas nés pour obéir. Ils peuvent être complaisants ou facile d'une manière qui les rend plus coopératifs. Cependant, le désir d'obéir aux parents, aux enseignants, aux règles et les limites ne sont pas automatiques.

La même chose est vraie du nouveau voyage de foi de l'enfant. Une décision de suivre Jésus doit être soutenue par une vie d'obéissance. L'obéissance met les dents dans la décision de suivre Jésus. L'obéissance cultive une foi extraordinaire. C'est le miracle de la graine de moutarde. Planter obéissance; cultiver la foi.

Cependant, nous ne parlons pas de n'importe quel type d'obéissance comme l'obéissance dans le seul but de plaire ou de garder hors de difficulté. Au contraire, c'est l'obéissance qui vient de la confiance croissante en celui que tu obéis. Dans le cas de faire des disciples semblables à Christ, c'est la confiance croissante dans le caractère de Jésus.

Demandez aux enfants à qui ils veulent grandir d'être semblables, et ils vont nommer quelqu'un qu'ils respectent ou admirent. De qui veulent-ils savoir de plus? Habituellement c'est quelqu'un qui est plus grand que la vie pour eux. Qui vont-ils suivre, peu importe quoi? Quelqu'un qui ne les abandonnera pas. Notre responsabilité d'entrainement disciple est de s'assurer que les enfants savent qu'ils peuvent répondre à ces questions avec Jésus.

Dix commandements pour les enfants

1. Gardez Dieu à la première place en tout.

2. Ne laissez personne ou quoi que ce soit devenir plus important que Dieu.

3. Traitez le nom de Dieu comme spécial.

4. Traitez le jour de Dieu comme spéciale.

5. Respectez et obéissez à vos parents.

6. Protégez la vie.

7. Protégez la fidélité dans le mariage.

8. Ne volez pas.

9. Ne mentez pas.

10. Soyez satisfaite avec ce que vous possédez.

Notre première mission dans la croissance des jeunes disciples ait de leur montrer comment obéir à Jésus et de leur enseigner qui est Jésus. Nous devons les aider à tomber d'amour avec un Dieu qui a fait tous les efforts pour faire la différence dans leur vie en envoyant Son Fils, Jésus. Nous devons donner à eux d'innombrables expériences pour savoir de première main que Jésus peut être confié plus que quiconque d'autre qu'ils connaissent.

Voici la partie délicate: nous ne pouvons pas le faire uniquement à travers des histoires bibliques. Les enfants doivent avoir des "expériences de laboratoire de vie", des opportunités pour savoir pourquoi l'obéissance est toujours un choix et pourquoi cela n'arrive pas automatiquement. Ils ont aussi besoin d'opportunités pour savoir ce qui se passe quand ils n'obéissent pas à Jésus. Ils ont besoin aussi d'obéir et apprendre à se connecter l'obéissance à Jésus avec ce qu'ils lisent de Sa Parole.

Encore une fois, les influenceurs les plus importants dans ce processus sont les Parents. Ce sont eux qui ont des contacts au jour le jour. Ils sont ceux qui ont plus de moments d'apprentissage. Ils sont ceux qui peuvent prendre une expérience de vie immédiate et le transformer en moment de croissance spirituelle et de compréhension. Cependant, tous les ouvriers du ministère peuvent aider les enfants à apprendre que les attitudes et les choix affectent tous les domaines de la vie, y compris le spirituel.

PLUS QUE BON ÉLEVAGE DES PARENTS

Rien n'a défié ma croissance chrétienne plus que la paternité. La responsabilité de représenter Jésus à ma fille est accablante. Cela me rend désespéré pour le genre de croissance spirituelle dans ma propre vie qui rend plus facile d'être responsable à Dieu pour mes pratiques en tant que parents. Au début je suis venu par comprendre que la parentalité chrétienne ne concerne pas seulement ma meilleure idée ou même la meilleure idée d'une personne faisant autorité. La parentalité chrétienne consiste à garder mon abandon à la sagesse de Dieu jusqu'au rendez-vous amoureux. La parentalité chrétienne consiste à rester assez proche de Dieu de sorte que j'entends Son murmure sur quand parler et quand rester silencieux. La parentalité chrétienne est tout simplement une excroissance de mon obéissance à Dieu. Mon obéissance personnelle m'équipe pour enseigner la vie d'obéissance à mon enfant.

Pourquoi pensez-vous que Dieu a mis les familles ensemble dans un premier lieu? Ce n'était pas pour que tu aies quelque chose de spécial à célébrer le jour de la mère et la fête des pères. C'était pour élever plus de gens à connaître et suivre Dieu. L'Evangélisation de masse et l'œuvre missionnaire étaient des plans de sauvegarde pour diffuser le message à ceux qui ne l'avaient pas appris comme des enfants. C'est une responsabilité, un défi et une partie de notre propre obéissance à Dieu que nous ne pouvons pas ignorer. Quand nous n'enseignons pas nos enfants, nous le rendons nécessaire à quelqu'un d'autre de combler le vide.

L'OBÉISSANCE COMMENCE À LA MAISON

Si nous voulons que les enfants apprennent à obéir à Jésus, nous commençons par leur apprendre à obéir à leurs parents. Les versets qui soulignent l'importance des enfants obéissant aux parents montrent clairement comment Dieu le sent:

- «Enfants, obéissez à vos parents dans le Seigneur, car cela est juste» (Éphésiens 6: 1).

- «Enfants, obéissez à vos parents en tout, parce que cela plait au Seigneur «(Colossiens 3:20).

Dieu est un Dieu d'ordre. Il sait que nos maisons deviennent des lieux d'ordre quand il y a l'obéissance. Voilà pourquoi il le définit en tant que norme pour la vie familiale. Cependant, cela doit être l'obéissance connectée à l'autorité donnée par Dieu pour le physique, émotionnel, et le bien spirituel de ses enfants. Les opportunités d'enseignement dans la responsabilité des parents sont énormes. L'obéissance enseigne la formation personnelle, la persévérance, l'autorité, la soumission, et agissant pour le plus grand bien tout en réduisant l'égoïsme et l'insensibilité. Les parents qui ne savent pas enseigner leurs enfants à obéir auront du mal à aider leurs enfants à apprendre comment obéir à Jésus.

Quand les enfants ont appris à obéir à leurs parents qui sont leur première autorité terrestre, il est plus facile d'apprendre à obéir à Dieu qui est leur autorité ultime et éternelle. Consultez les informations sur la préparation à l'âge appropriée que vous définissez vos attentes dans ce domaine. Le succès précoce est important.

COMMENCEZ AVEC LA PAROLE DE DIEU

Dieu ne s'attend pas à ce que nous devinions le lieu de départ pour l'obéissance. Il nous a donné Sa Parole. Toute discussion sur l'obéissance doit inclure la Bible. Chaque histoire, leçon, lettre, rappel, et avertissement dans la Parole de Dieu nous donne beaucoup à obéir.

Dieu a résumé le point de départ de l'obéissance dans les Dix Commandements. Postez-les dans votre maison ou votre classe. Personnalisez-les. Parlez de la façon dont les commandements s'appliquent à la télévision, DVD, jeux, films, sports, école, famille — chaque partie de vie. Parlez de la façon dont ils protègent la vie et la dignité de tout ce que Dieu a créé. Parlez d'obéir aux commandements de Dieu sera votre première priorité car c'est le meilleur moyen de garder les autres neuf commandements.

LE COEUR DE L'OBÉISSANCE

L'obéissance dans la vie d'un disciple de Jésus est beaucoup plus que la modification du comportement. L'obéissance comprend la volonté, le motif, et l'intention ainsi que des actions et des pensées. Dans la vie d'un jeune disciple, il ne s'agit pas seulement de suivre une règle, même bien qu'il puisse commencer là. Au contraire, il s'agit de permettre au personnage de Jésus d'aider un jeune croyant à croire que tout ce que Jésus dit sera pour son mieux. Comment faites-vous cela?

1. Orientez avec l'amour de Jésus pour votre enfant. C'est facile d'aider les jeunes enfants à croire que Jésus les aime. Leur innocence ne donne aucune raison de douter de cet amour. Quand les enfants grandissent, ils questionnent plus lorsqu' ils éprouvent la douleur, la déception, et le chagrin inévitable. Il est encore plus important de maintenir une image de l'amour de Jésus dans toutes ces circonstances. Aidez les enfants à réaliser que tout ce qui fait mal à un enfant assombrit Jésus. Revoir les histoires dans lesquelles Jésus a utilisé les enfants comme une leçon d'objet pour enseigner à nous tous comment Il valorise les enfants.

Aidez les enfants à chercher comment Jésus communique son amour dans les circonstances difficiles. Quand quelque chose ne va pas comme un enfant l'a attendu, prenez le temps de prier à ce sujet en famille ou en classe. Ayez des conversations spécifiques à ce sujet. Demandez, «Comment Jésus essaie-t-il de te faire savoir combien Il t'aime au milieu de cela? Faites-en une conversation continue dans votre famille ou votre classe.

Quand un enfant, ou quelqu'un d'autre d'ailleurs, perçoit l'amour d'un autre, l'obéissance n'est pas un fardeau, c'est un privilège. Il devient le moyen d'enrichir et d'approfondir une relation. Laissez que l'amour guide toute discussion sur l'obéissance à Jésus.

2. Reliez l'obéissance à aimer Jésus. Parlez toujours d'obéir à Jésus comme un moyen de l'aimer. C'est ce que Jésus a enseigné à ses disciples: «Si vous m'aimez, gardez mes commandements» (Jean 14:15). S'il y a un problème d'obéissance, cherchez quelque chose que votre enfant ne comprend pas au sujet de l'amour que Jésus a pour lui ou elle. Cela pourrait être la peur de ne pas avoir ce qu'il ou elle veut. Cela pourrait être la maladresse de l'amour et de l'obéissance. Est-ce que l'enfant comprend vraiment que Jésus sait le mieux? Qu'y a-t-il à propos de votre expérience de vie qui modèle à un enfant qu'obéir à Jésus est toujours meilleur que n'importe quelle meilleure idée?

3. Partagez des moyens simples d'obéir ensemble. C'est toujours plus amusant ensemble. Priez pour cela en famille ou en classe. Que veut Jésus que nous fassions? Ce n'est pas seulement une compilation de bonnes idées. Il s'agit de recevoir une mission spécifique. Soyez sensible à la direction innocente des enfants. Parfois, ils nous ont mis à honte de leur ouverture à obéir à Jésus en dehors de leur zones de confort. Les familles devraient profiter de l'occasion pour prier pour l'obéissance dans la participation sportive, les vacances et les choix de loisirs sur tout ce qui affecte la vie de la famille. Les ouvriers du ministère peuvent aussi faire ceci à l'église. Tout le monde peut apprendre des leçons importantes à propos de la confiance accrue qui vient d'obéir ensemble.

En tant que parent ou enseignant, lorsque vous partagez une histoire biblique ou une leçon avec les enfants, cherchez-vous ce que Jésus veut que vous obéissiez de la leçon d'abord? Quand la leçon vous donne quelque chose à obéir, votre enseignement à une profondeur et une relation de vie qui implique plus que des idées d'enseignement créatif.

4. Assurez-vous que les enfants comprennent qu'une décision de suivre Jésus est une décision d'obéir. Comment peut-on décider de suivre Jésus sans Lui obéir? S'il y a même une possibilité de choisir d'obéir ou non, est-ce vraiment une décision à suivre Jésus? Aidez les enfants à comprendre qu'un disciple ne cherche jamais à décider s'il y aura de l'obéissance. Les seules questions appropriées sont quand obéir et comment.

5. Parlez de développer le désir d'obéir. Ce n'est pas à propos de l'obéissance parfaite — il s'agit de développer le désir pour l'obéissance. Quand le cœur d'un enfant se connecte au cœur de Jésus, c'est cette connexion amoureuse qui pousse à l'obéissance. Sans cette connexion, l'obéissance peut être réduite au devoir. Le devoir ne fera jamais grandir un disciple. Seul Dieu à travers son Saint-Esprit peut le faire ce travail au fond du cœur. Un parent, un enseignant ou un autre influenceur dans la vie de l'enfant peut témoigner de l'œuvre de Dieu dans son propre cœur et modèle ce qui se passe quand une personne laisse le désir d'obéir pour croître. Cependant, le vrai travail appartient à Dieu et à l'enfant. Nous ne pouvons pas faire obéir un enfant, mais nous pouvons prier pour que le désir d'obéir grandisse.

6. Partager comment l'obéissance fait bouger les choses pas d'autre chemin. Il est important de parler de votre propre parcours d'obéissance. Parlez d'une fois où vous avez obéi à Jésus en étalant la main à quelqu'un à qui vous n'auriez pas pensé. Comment une action obéissante a-t-elle influencé la direction d'une circonstance qui allait mal? Aidez un enfant à comprendre que Jésus ne veut pas que nous lui obéissions d'un désir pour le contrôle — Il veut que nous Lui obéissions parce qu'Il voit et sait tout sur les circonstances auxquelles nous sommes confrontés. Il sait ce qui fera la plus grande différence. Sa Parole partage les bases. Ensuite, comme nous pratiquons de plus en plus l'obéissance, nous commençons à apprendre comment il dirige avec des détails spécifiques qui apportent à propos de la réalisation de sa volonté.

RÉPONDRE À LA TENTATION

Une autre composante importante de l'apprentissage de suivre Jésus a à voir avec l'apprentissage de reconnaître et de faire face à la tentation. La deuxième leçon a enseigné dans «Alors…Veux-tu suivre Jésus?» nous rappelle qu'une "tentation est tout ce qui nous rend vouloir désobéir à Dieu». La Bible dit que la tentation sera une partie de nos vies. En tant que parents des enfants et ouvriers, nous savons qu'il est parfois difficile de comprendre ce qui représente une véritable tentation pour un enfant et ce qui appartient à ce processus d'une maturité naturelle. Une différence importante est qu'une tentation se dresse sur la manière de plaire à Dieu. D'un autre côté, un jeune enfant peut avoir le désir sans le physique, mental, ou capacité émotionnelle à faire du bien. Ceci est très important pour reconnaître lorsque vous travaillez avec des enfants qui ont appris et d'autres retards émotionnels ou mentaux. Un enfant atteint de TDAH ne peut pas juste essayer plus fort. Il ou elle doit essayer différentes façons de surmonter le comportement inutile ou inapproprié.

Une tentation est quelque chose qui nous porte à désobéir à Dieu.

—Alors…Veux-tu suivre Jésus ? (livre)

Ce qui apparaît comme une tentation pour un enfant peut sembler plutôt insignifiant pour nous. En tant que guides spirituels dans la vie des enfants, nous devons prendre les tentations auxquelles ils sont confrontés très au sérieux. Apprendre à faire face à la tentation les suivra pour beaucoup de temps.

Toute la Vie - Toute Obéissance

L'obéissance implique—Nos esprits

«Aime le Seigneur ton Dieu avec ... tout ton esprit» (Matthieu 22:37).

«Puis il a ouvert leurs esprits pour qu'ils puissent comprendre les Écritures «(Luc 24:45).

Nos volontés

«Désirez ardemment les plus grands dons» (1 Corinthiens 12:31).

«En tant qu'enfants obéissants, ne vous conformez pas aux mauvais désirs» (1 Pierre 1:14).

Nos corps

«Offrez vos corps comme des sacrifices vivants, saints et agréables à Dieu «(Romains 12: 1).

«Ne savez-vous pas que vos corps sont membres de Christ lui-même?» (1 Corinthiens 6:15).

Nos ressources

«Ne vous amassez pas des trésors sur la terre, où la teigne et la rouille détruisent, et où les voleurs percent et dérobent"(Matthieu 6:19).

«Partagez avec les gens de Dieu qui sont dans le besoin» (Romains 12:13).

Nos cœurs

«C'est avec ton cœur que tu crois et que tu es justifié» (Romains 10:10).

«Quoi que vous fassiez, travaillez avec tout votre cœur, comme travaillant pour le Seigneur» (Colossiens 3:23).

Notre futur

«Je sais que son commandement mène à la vie éternelle» (Jean 12 :50).

«Marchez d'une manière digne de Dieu, qui vous appelle à son royaume et à sa gloire» (1 Thessaloniciens 2:12).

Que faites-vous pour ne pas tomber dans l'une de ces catégories?

CE QUE LA BIBLE DIT A PROPOS DE LA TENTATION

Parlez toujours à un enfant de la tentation en utilisant une base claire de la Parole de Dieu. C'est l'enseignement biblique 101. Qu'est-ce que la Bible enseigne? Le meilleur résumé vient de 1 Corinthiens 10:13:

- Tout le monde fait face à la tentation.
- Dieu ne permettra pas une tentation que vous ne pouvez pas surmonter.
- Dieu fournit un moyen par la tentation.
- Résister la tentation vous rend plus fort.

D'autres écritures ajoutent les éléments suivants:

- Dieu n'est pas l'auteur de la tentation. (Voir Jacques 1:13.)
- La prière nous aide à faire face à la tentation. (Voir Matthieu 26:41.)
- Jésus a expérimenté et a surmonté la tentation. (Voir Luc 4: 1-13.)

Les enfants doivent apprendre à grandir dans le Seigneur afin qu'ils puissent gérer le choix qu'ils ont fait quand ils sont avec leurs semblables.

—Mike, pasteur des enfants

Expliquez la différence entre se sentir tenté et accéder à la tentation. Les illustrations sont aussi nombreuses que celles des circonstances des enfants. Quelque chose que quelqu'un a dit rend un enfant en colère et enregistre un désir de fouetter verbalement ou physiquement. Faite sûr que l'enfant comprend ce sentiment comme si vous voulez faire quelque chose de mal est la tentation. Cela devient un problème seulement quand vous cédez. Parfois, la tentation est d'agir sans en penser. Le réflexe de faire un commentaire blessant cède à la tentation d'agir ce que vous ressentez sans penser à quoi plaît à Jésus.

Aidez l'enfant à comprendre que la tentation est une attaque en utilisant un désir ou une faiblesse. (Voir Jacques 1:14.) Quand un combattant veut gagner dans le ring, il cherche une faiblesse ou un lieu de vulnérabilité. Satan, notre tentateur, fait la même chose. Il est un ennemi sournois pour gagner par tous les moyens. Il fait notre désir semble raisonnable. C'est la façon dont il a trompé Eve en manger le fruit défendu.

Aidez les enfants à savoir que Dieu comprend leurs faiblesses. Il veut donner sa force pour nous protéger de la faiblesse à devenir un lieu d'échec spirituel. Dites aux enfants de penser d'une faiblesse comme un endroit spécial pour que Dieu montre sa force. C'est une étape cruciale dans la croissance spirituelle.

Les enfants ont besoin de comprendre qu'il y a Dieu qui plait des façons d'accomplir les désirs de Dieu. Par exemple, un garçon peut vouloir le billet de $ 20 qu'il a vu tomber de la main de son ami. Pour prendre de l'argent, sachant que ce n'est pas le sien est la mauvaise façon d'accomplir le désir. Cherchez des moyens de gagner de l'argent est un bon moyen de réaliser le désir.

Reconnaitre à quel point il est difficile de faire face à la tentation. Alors que les tentations auxquelles un enfant fait face peuvent ne pas sembler aussi surmonter comme les tentations auxquelles vous êtes confrontés en tant qu'adulte, ils sont tout aussi difficiles. La difficulté vient de ce à quoi nous attachons de la valeur. Combattre la tentation de s'accommoder d'une activité inappropriée avec vos amis est tout aussi difficile que de dire non à l'exhorter à tricher sur l'impôt de revenu.

EQUIPEZ LES ENFANTS AVEC DES ENTRÉES DE TENTATION.

Il y a plusieurs façons de surmonter la tentation. Avoir des conversations régulières sur les idées que les enfants pourraient utiliser le mieux. Voici quelques exemples:

- *Les prières fléchées.* Ce sont des prières rapides à Dieu «Aide-moi». Se concentrer sur l'aide de Dieu est la première voie pour faire face à la tentation. Ceci est plus utile que de se concentrer sur quoi faire avec une personne ou une circonstance.

- *Appliquez les Écritures.* Mémorisez 1 Corinthiens 10:13 en famille ou classe. Parlez des bonnes nouvelles que Dieu ne permettra pas quelque chose à venir dans votre vie que vous ne pouvez pas dire non. Célébrez la vérité que Dieu vous montrera toujours comment faire face à la tentation sans y céder. Partagez comment surmonter la tentation vous rend plus fort. Assurez-vous que ces conversations sont liées à des expériences de la vie réelle. Ne parlez pas seulement de la façon dont il est possible d'identifier et de faire face à la tentation-parlez de ce qui s'est passé quand vous l'avez fait.

- *Ressentir des remords.* Rappelez aux enfants que le remords ou la tristesse à propos de ce que vous avez fait ou n'a pas fait est la façon d'obtenir de Dieu votre attention afin qu'Il puisse vous aider. N'essayez pas de faire un enfant se sentir mal. C'est une honte, et Dieu ne fait pas honte à une personne. La Parole de Dieu nous rappelle que «le

Aider les Enfants à Surmonter la Tentation

Comment les parents peuvent-ils soutenir

Partagez un symbole pour rappeler votre enfant que vous êtes en train de prier. Cela pourrait être un bracelet, un collier, une carte, un jeton, ou juste un point coloré placé ostensiblement sur un bracelet de montre. Écrivez une prière, et incluez-la dans le lunch, le sac de livre ou bourse. Envoyez un SMS si votre enfant a accès à un téléphone cellulaire. Assurez-vous que l'enfant peut y accéder sans désobéir à la politique de l'école.

Comment les ouvriers du ministère peuvent donner du support

Partagez une carte «appelez-moi». Offrez d'écouter ou de prier de toute manière et à tout moment.

Préparez des cartes "back-up tentation" pour vous évanouir. Ce sont des cartes de poche. Un côté a l'idée du back-up de la tentation d'en haut, et de l'autre côté énumérez une écriture.

Gardez en main une liste d'Écritures sur la tentation.

chagrin de Dieu apporte la repentance» (2 Corinthiens 7:10).

* *Parler à quelqu'un.* Parlez d'une tentation spécifique est une manière de faire face à la tentation. Il enlève le secret et renforce la responsabilisation. Soyez la personne avec laquelle un enfant peut parler à propos de toute tentation. Soyez le représentant de Dieu pour exprimer à l'enfant que Dieu ne cesse jamais d'aimer une personne, même quand il ou elle cède à la tentation. Expliquez que Dieu est plus que prêt à aider un enfant à apprendre comment

il ou elle pourrait répondre à la tentation différemment une autre fois.

- *Juste dis non.* Le moment le plus facile de dire non à la tentation est la première fois que vous le reconnaissez. Plus tu y penses, plus ça devient difficile. Parfois nous disons non à des idées intérieures, cela nous tente de faire ou de dire la mauvaise chose. Parfois nous disons non aux gens qui veulent que nous fassions ou disions de mauvaise chose. Peu importe ce que la tentation est, la réponse profonde doit être non. Le plus court de temps entre la tentation et dire non, plus la croissance est grande.

QUAND UN ENFANT SUCCOMBE

Comment répondez-vous à un enfant qui cède à la tentation? Avec beaucoup d'amour et d'acceptation, surtout quand il est honnête à ce sujet. Passez en revue les opportunités pour un choix différent. Découvrez si le problème concerne l'impulsion. Essayez de découvrir une peur qui a pris le contrôle. Ne parlez pas simplement de cela, priez à ce sujet. Laissez prier l'enfant et exprimer ses sentiments et ses intentions. Comme un représentant de Dieu, prononcez des mots spécifiques de l'acceptation de Dieu comme une déclaration de bénédiction sur l'enfant. C'est le travail sacerdotal d'un parent ou d'un ouvrier du ministère. C'est une opportunité, se tenir avec un enfant dans un moment difficile mais rédempteur. C'est votre chance de placer la main de l'enfant dans la main de Dieu et ensuite s'écarter du chemin.

UN BASE PROVISOIRE

Surmonter la tentation est difficile aussi parce que la tentation vient habituellement sans avertissement. Il n'y a pas de temps pour se préparer pour cela. Voilà pourquoi il est important d'enseigner aux enfants à se préparer toujours. Ne pas submergez les enfants avec des informations sur comment faire face à la tentation plus tard dans la vie. Les enfants vivent dans le présent littéral. Ils ont besoin de savoir ce qui fait la différence maintenant. Donnez-leur des réponses "tout de suite".

La tentation est le terrain prouvant pour l'enseignement de disciple. Chaque fois qu'un disciple se détourne de la tentation, il ou elle devient plus fort. C'est comme un quiz pop. La tentation donne l'occasion à un disciple de mettre en pratique ce qu'il apprend à propos de suivre Jésus.

Assurez-vous de célébrer toute victoire sur la tentation. Famille et les ouvriers du ministère peuvent se tenir avec un enfant qui a fait face à la tentation et a répondu d'une manière agréable à Jésus. Faites-en une grosse affaire. Il ne s'agit pas de récompenser de bons choix, mais de célébrer la croissance spirituelle.

CHOISIR D'OBÉIR

Le choix d'obéir présente toujours la réalité qu'il y a un choix de ne pas obéir. Dieu donne libre arbitre à tous ceux qui Le suivent. Il ne nous éprouve pas à l'obéissance. Il nous aime dans l'obéissance. Faire face à la tentation devient un enseignement clé de base pour les jeunes croyants. Les leçons de la Bible présentent régulièrement des informations clé sur la tentation. Cependant, jusqu'à cette information croise la vie réelle d'un enfant, il est facile pour lui de rester en tant que connaissance principale.

Les choix que les enfants doivent faire aujourd'hui sont curieux. Ils vont bien au-delà de ce que la plupart d'entre nous avons vécu en tant qu'enfants. Nous ne pouvons pas changer le contexte de la culture que nos enfants grandissent. Cependant, cela devrait nous rendre plus délibérés dans la façon dont nous préparons les enfants à faire des choix pieux et choisir d'obéir à Jésus. Ce sont les choix qu'ils font quand les parents et les enseignants ne sont pas en train de regarder qui produisent le plus de croissance. Ce sont les choix qu'ils font quand il n'y a pas de "victoire" évidente de l'autre côté. Ceux sont les choix de construction de caractère, qui façonnent le cœur. Nous enseignons nos enfants à faire de bons choix en créant un cercle de soutien au sein de la famille et de l'église dans chaque opportunité de ministère.

DANS LE MONDE MAIS PAS DU MONDE

Jésus a parlé à ses disciples de vivre dans le monde, mais ne pas laisser le monde vivre en eux. (Voir Jean 17: 15-18.) Celle-ci est une lutte constante ainsi que d'une opportunité de croissance. Chaque enfant veut s'intégrer et avoir des amis. Cependant, quand le désir pour s'adapter à un enfant tente de choisir un comportement ou une attitude qui déplaît à Dieu, c'est un problème. Dans des situations comme celle-ci, un parent ou mentor spirituel peut venir aux côtés d'un enfant en difficulté pour parler et prier à propos de cette ligne confuse entre être pris dans les poursuites mondaines et d'être dans ce monde, mais pas de ce dernier. C'est aussi là que les jeunes disciples peuvent encourager d'autres disciples.

Rappelez-vous: l'objectif primordial de Dieu est une recherche et d'une mission rédemptrice. Il a besoin des enfants qui sont ses disciples pour Lui représenter dans des relations et des situations que les adultes ne peuvent pas. Vous pouvez aider un enfant à construire la confiance que Dieu fait confiance à ses disciples de tous les âges pour démontrer qui Il est. Il a besoin de leur présence dans des endroits où les autres ne suivent pas

Jésus. Il a besoin d'eux pour qu'ils soient la lanterne qui puisse être la lumière.

En tant que parents et ouvriers du ministère, parlez avec les enfants au sujet de façons d'être dans le monde sans participer aux attitudes et des activités qui déplaisent à Dieu. Soyez honnête à propos de la difficulté de faire les bons choix. Priez l'un pour l'autre. Quand un enfant peut apporter une demande de prière à propos de cette lutte, vous savez que vous avez un disciple en croissance.

ÉTABLIR POUR LA VIE

Enseigner l'obéissance de très tôt définit un mode de vie qui équipe les enfants à faire face à ce que le monde leur lancera. C'est important de donner à nos enfants l'opportunité d'expérimenter la joie, la confiance, surprise, force, et aide qui vient à travers une vie d'obéissance à Dieu. Aidez les enfants à comprendre que l'obéir établit un parcours positif, productif, confiant, et producteur de croissance et ouvre toutes les bonnes portes à l'aventure, l'identité, le but, le service, et une vie qui est agréable à Jésus.

POUR LES PARENTS

1. Comment définir les limites et enseigner l'obéissance fonctionne ensemble? Que se passe-t-il si vous attendez l'obéissance sans communiquer les limites?

2. Comment pouvez-vous définir un objectif d'obéissance pour votre famille et encourager des membres de la famille pour y parvenir? Un exemple de ceci serait de parler de paroles plus gentilles les uns aux autres.

3. Partagez un exemple avec votre enfant sur comment obéir à Jésus donne naissance une différence positive dans votre vie.

4. Quelles nouvelles idées pour enseigner aux enfants à obéir à Jésus ont fait surface pour vous dans ce chapitre? Comment allez-vous les mettre en œuvre?

POUR LES OUVRIERS DU MINISTÈRE

1. Dans votre mission de ministère, comment pouvez-vous aider les enfants à reconnaître plus de façons d'obéir à Jésus?

2. Comment pouvez-vous obtenir le soutien de vos semblables pour un enfant qui a du mal à obéir à Jésus?

3. Comment pouvez-vous utiliser le temps de prière comme un moyen pour les enfants de demander et partager le soutien?

4. Comment pouvez-vous utiliser votre expérience de vie pour partager avec les enfants l'aventure positive d'obéir à Jésus?

LA PRIÈRE D'UN FAISEUR DE DISCIPLE

Dieu digne de confiance, aide-moi à comprendre que je t'obéis plus complètement, je peux élever ou enseigner avec plus d'efficacité.

FAITES DE LA PRIÈRE UN STYLE DE VIE

Ils se sont dévoués ... à la prière.

-ACTS 2:42

Quand les enfants prient, quelque chose de très honnête se produit-une réalité et l'intimité qui nous condamne. Ils prient pour ce qui est important pour eux sans excuses. Ils prient pour la famille ,animaux domestiques, même des jouets. Les enfants, en particulier les jeunes enfants, généralement ne le trouvent pas difficile de parler à Dieu. La leur est une simple confiance, une confiance que Jésus nous appelle à reconnaître et à reproduire dans nos propres vies. Cependant, quelque part dans un engouement agressif pour grandir et s'intégrer, les enfants peuvent perdre une grande partie de cette confiance enfantine. Pour éviter cela, ou les aider à se confesser, nous devons redécouvrir la réalité, l'intimité et la confiance enfantine des conversations transformatrices avec Dieu que nous appelons la prière.

Si l'enfant que vous voulez influencer reproduit votre vie de prière, va-t-elle se reproduire ce que veut Jésus?

Nous modélisons cette connaissance d'entrainement de disciple comme nous modélisons des autres connaissances d'entrainement de disciples que nous enseignons. Prier avec nos enfants les aide à apprendre à prier. Cela nous amène à la question: Si l'enfant que vous voulez influencer reproduit votre vie de prière, va-t-elle se reproduire ce que veut Jésus? Nous ne pouvons pas enseigner au-delà de ce que nous comprenons et pratiquons. Mais nous pouvons nous associer avec un enfant pour apprendre ensemble quelque chose plus grand que nous sommes: l'aventure transformationnelle de parler et d'écouter Dieu personnellement.

Entrainer est un processus de la démonstration du guide. Nous ne pouvons pas simplement dire aux enfants de prier ou même leur dire comment prier. Nous devons prier dans la manière que nous voulons que nos enfants prient - honnêtement, intimement et souvent. Laissez vos enfants voir que la prière est la première réponse de votre famille à toutes sortes de problèmes. Sans abandonner les temps de prière réguliers, ajoutez des prières de spontanéité à votre vie. De la même manière que la lecture ouvre le monde humain à un enfant, la prière ouvre le monde spirituel. Quand un enfant comprend que Dieu écoute et apprécie chaque occasion de communiquer, il ou elle a le potentiel de cultiver une foi extraordinaire.

PARLER À DIEU

Glaphré Gilliland a enseigné aux enfants les principes les plus simples à propos de la prière dans ses séminaires de prière. Ces principes se croisent facilement la vie d'un enfant. Ils construisent le genre de fondation qui préserve les caractéristiques de l'enfance que Jésus célèbre. Ils sont simplement - vous pouvez parler à Dieu à tout moment, vous pouvez parler à Dieu n'importe où, vous pouvez parler à Dieu de n'importe quoi.

Lorsque les familles et les ouvriers du ministère prennent ces principes sérieusement, ils se retrouvent à dire plusieurs fois tout au long d'un jour ou une classe, «Parlons à Dieu à ce sujet». La prière imprévue enseigne la connexion transparente entre Dieu et la vie. Il aide les enfants à comprendre que Dieu est toujours présent et toujours disponible pour écouter.

Critique pour enseigner à un enfant à prier sont les temps qui sont régulièrement mis de côté pour la prière comme les repas, l'heure du coucher, le culte d'adoration et le temps de classe. Ce sont les temps d'ancrage et le discipulat de construction et rythme dans la vie de prière d'un enfant. Ces moments de prière réguliers peuvent impliquer des prières écrites ou mémorisées qui enseignent des modèles précieux. Ils donnent aussi aux enfants des temps réguliers pour partager des demandes de prière. Ils donnent aux familles l'occasion de prier les uns pour les autres. Beaucoup de prières au coucher se sont transformées en prières de salut. Ne sous-estimez pas la valeur de ces moments de prière.

J'ai appris plus sur la prière de mes enfants que j'ai appris au cours des 30 dernières années de ma vie.

Un parent

ÉCOUTER DIEU

Écouter Dieu, c'est prier aussi. Si la prière est vraiment une conversation avec Dieu, il faut qu'il y ait un va-et-vient dans la communication. Le chapitre 2 a discuté de l'aide aux enfants pour entendre et reconnaître l'invitation de Jésus pour devenir des disciples. Cette écoute ne s'arrête pas parce qu'un enfant répond en prenant la décision de suivre Jésus. Ce n'est que le début d'un voyage à vie pour écouter le mieux la manière suivre Jésus.

De la même manière que la conversation en cours est la marque d'une bonne amitié, une conversation continue avec Dieu soutient une décision de suivre Jésus. Rappelez aux enfants que les gens qui apprennent de nouvelles choses l'un sur l'autre développe une relation durable. Les règles d'amitié! Tout ce qui est important pour protéger et maintenir une amitié est important pour maintenir une amitié avec Jésus. Enseignez aux enfants à parler à Dieu de leur journée, leurs goûts et leurs dégoûts. Puis rappelez-leur de retourner la faveur et écouter.

Enseignez que la partie écoute de la prière est cruciale pour un parcours du disciple tout au long de la vie. La prière ne consiste pas seulement à dire à Dieu ce que nous voulons ou besoin — cela nous aide aussi à apprendre à écouter ce que Dieu veut. Cependant, il est plus difficile d'enseigner, car ce n'est pas une voix tangible que nous écoutons. «L'écoute» est juste le meilleur mot que nous avons à décrire. Voici quelques principes que nous pouvons utiliser pour communiquer aux enfants ce que nous attendons d'eux à propos de Dieu.

1. Utilisez l'Écriture d'abord.

La Bible est l'histoire de Dieu. Elle représente la voix de Dieu parlant à nous à propos de son histoire et de son interaction avec les gens. La Bible est Dieu parlant personnellement.

Plus nous aidons les enfants à comprendre cette vérité, plus ils verront la Bible comme une personne entendue et pas seulement des mots à lire. Expliquez que l'Écriture est un bon moyen de commencer une conversation personnelle avec Dieu. Utilisez des activités scripturaires pendant la prière en famille qui encouragent ce dialogue avec Dieu. Le chapitre 6 partage plus d'idées.

2. Partagez ce que vous entendez de Dieu.

Il est important que les enfants sachent comment les autres comprennent la communication de Dieu. Ils ont surtout besoin de savoir comment les gens avec qui ils vivent écoutent Dieu. Aidez-les à comprendre que c'est une conscience qui grandit. Nourrissez leur curiosité et sensibilité à cette prise de conscience.

3. Parlez de l'intérieur.

Faites la distinction entre écouter avec vos oreilles extérieures et écoute à l'intérieur. Les enfants sont très littéraux. Faites attention à propos de l'utilisation de mots qui peuvent les confondre s'ils considèrent le sens littéralement. Expliquez que lorsque Dieu veut notre attention, Il parle d'une manière spéciale pour que nous sachions qu'il parle. Assurez-vous de souligner que Dieu ne dira jamais à une personne de blesser n'importe qui. Aussi, répétez que tout ce que Dieu dit sera toujours en charge ce qu'il a déjà dit dans sa Parole.

4. Planifiez le moment d'écoute.

Lisez une portion d'Écriture et suivez-la durant quelques secondes avec une écoute intérieure. Qu'est-ce que Dieu veut dire en lisant cette Écriture? Donner à chacun une chance d'écouter Dieu pour le découvrir. Où Dieu veut-il le relier

Différentes façons d'écouter

- Ne vous attendez pas à ce que tous les enfants restent assis pour écouter Dieu en silence. Certains enfants doivent déménager pour se concentrer. Faites une promenade d'écoute. Encouragez l'écoute à Dieu en faisant d'autres choses.

- Certains enfants sont sociaux et ont besoin de la parole d'échange pour développer leurs compétences d'écoute. Fournissez discussion guidée et temps d'écoute pour eux.

- Les enfants qui ont des difficultés à se concentrer bénéficient d'avoir du papier et des marqueurs. Ce qu'ils dessinent peut vous donner un aperçu de la façon dont ils écoutent.

dans nos vies? Peut-être que nous avons fait un desservir à nos enfants en demandant ce qu'ils pensent au lieu de demander «Qu'est-ce que Dieu vous a dit?»

C'est le plan de Dieu que nous aidions les enfants à entendre directement de Lui. Après tout, la plus courte distance entre deux points est une ligne droite. C'est cette intimité rectiligne que nous voulons que les enfants découvrent de très tôt et construire pour le reste de leur vie. Bien que ce soit la responsabilité d'un parent d'abord, le plan de Dieu ne se termine pas avec les parents. Il rend la responsabilité des autres dans la communauté de la foi à ajouter leur influence, enseigner et nourrir pour soutenir les parents et les enfants. La vraie mission est de suivre le plan de Dieu ensemble.

ENSEIGNER LA PRIÈRE LDCR AUX ENFANTS

LDCR est un acrostiche simple pour aider les enfants à comprendre les composants dans un temps de conversation-écoute avec Dieu. Dans la même manière nous parlons d'un pacte d'amitié, LDCR rappelle aux enfants qu'avoir une conversation avec Dieu est l'un des meilleurs moyens de cultiver une amitié avec Lui.

L est pour «Louange».

Cette étape de louange aide à revoir qui est Dieu - Il est notre rocher, salut, aide, médecin, couette, refuge. Il est amour, miséricorde, justice, sagesse et bien plus d'autre. C'est presque impossible de savoir qui est Dieu sans crainte et gratitude. Enseignez aux enfants à commencer une prière avec des louanges, c'est les aider à se souvenir que Dieu est assez grand, assez fort et assez intelligent pour les aider avec ce qui pourrait être troublant ou les confondre.

Des façons amusantes de louer

ACC: C'est un bon exercice de louange en conduisant à l'église. Pensez à un mot qui décrit Dieu pour chaque lettre de l'alphabet.

L'Écriture nous dit qui est Dieu. Recherchez plusieurs phrases, et les garder disponibles comme un moyen de prier et louer.

Les cantiques de louanges nous aident à remercier Dieu pour ce qu'Il est. Nommez une chanson de louange préférée et chantez-la ensemble.

D est pour «Demander».

Encouragez les enfants de demander quelque chose à Dieu. Aidez-les à comprendre que Dieu s'intéresse dans n'importe quelle chose qui peut les rendre heureux ou triste. Nous pouvons demander d'aide à notre faveur ou en faveur de quelqu'un d'autre que nous soignons. Nous ne savons pas tout au sujet de ce que nous demandons, mais nous savons que Dieu réalise. Assurez-vous que les enfants entendent que Dieu ne nous a pas souvent donné les choses ou des situations que nous voulons, mais Il répond toujours. C'est la raison pour laquelle il est important d'écouter.

C est pour Confesser.

Pour confesser signifie admettre devant Dieu que tu as péché. Cela veut dire que nous sommes d'accord que ce que nous avons fait était mauvais. La confession garde notre relation avec Dieu bien claire. C'est pour cela qu'il est important de faire de la confession une partie régulière de la prière. Nous avons besoin d'une connexion claire et propre avec Dieu pour que nous soyons capables de comprendre et reconnaitre Ses réponses. Aidez les enfants à comprendre qu'il est toujours bon de demander à Dieu, ai-je fait quelque chose qu'un disciple ne devrait pas faire? Rappelez les enfants que la seule raison que Dieu souligne c'est qu'Il peut pardonner et aider Ses enfants à Le suivre mieux.

R est pour Remercier.

Remerciez Dieu pour l'aide ou pour les réponses qu'il a déjà données ou va donner. Il y a toujours quelque chose pour laquelle remercier Dieu, même au milieu des temps difficiles ou confus. Remerciez Dieu car ce qu'il fait et où il travaille nous rappelle que Dieu est toujours présent et fait toujours la différence.

COMMENT LES ENFANTS APPRENNENT DE NOUS?

Les enfants apprennent l'importance de la prière en regardant quand, comment, et où nous prions. Alors que la prière est une conversation très personnelle avec Dieu, nous ne devons pas le garder pour nous que nos enfants ne comprennent pas l'importance de la prière dans nos vies. Si les familles ne prient qu'à l'heure des repas et au coucher, qu'est-ce que cela enseigne à un enfant sur l'importance de la prière? Il y a beaucoup de raisons d'arrêter et de prier. Si nous voulons que les enfants développent une relation avec Dieu cela implique une conversation ouverte avec Dieu tout au long de la journée, nous devons utiliser ce modèle dans notre vie de prière et de leur parler à ce sujet.

Rappelez-vous également que les enfants répondent à un langage conversationnel. Priez avec les enfants en fonction de leur vocabulaire, de leurs expériences, et la compréhension. Assurez-vous que vous faites cette connexion cardiaque avec Dieu, ou ils penseront que la prière est une question de dire des mots corrects.

Voulez-vous que les enfants prient sur les attitudes, les actions, les décisions, désirs et peurs? Savent-ils que vous priez pour ces choses aussi? Demandez-leur de prier pour vous lorsque vous rencontrez des difficultés. Soyez spécifique de ce que vous avez besoin de l'aide de Dieu. Il y a de nombreuses raisons de prier, mais celle qui nous catapulte en disciple c'est parce que nous voulons savoir et faire ce que Dieu veut. Nous ne prions pas pour changer une circonstance - nous prions pour que Dieu nous transforme dans une circonstance.

Priez toujours honnêtement. David a appris que Dieu désire «la vérité dans les parties intérieures»(Psaume 51: 6). Puisque Dieu sait tout, il est impossible de lui cacher quelque chose. Le vrai compagnon est que Dieu utilisera seulement la vérité pour aider. Modélisez ceci comme vous priez avec et pour vos enfants, comme Dieu, je ne sais pas vraiment quoi demander. … Les enfants peuvent faire la différence entre les mots qui sont censés sonner bien et les mots qui viennent du cœur. Si c'est la vérité, priez-le.

Gardez les temps de prière courts et concentrés. Prévoyez une durée d'attention à l'enfant. Personne ne devrait s'ennuyer pendant la prière. L'ennui ou la distraction pourrait être un signe que l'enfant ne comprend pas la connexion puissante. Mettez votre chapeau créatif, et essayez quelques-unes des idées de ce chapitre. Rappelez-vous: ce n'est pas à propos de la façon dont vous pouvez faire le temps de la prière - il s'agit de faire la connexion avec Dieu.

Veillez à ne pas parler plus que vous priez. Si un enfant présente une préoccupation ou partage une joie, arrêtez-vous et priez à ce sujet. Priez à haute voix pendant que vous conduisez vos enfants à l'école, les yeux ouverts, bien sûr. Priez pendant un devoir difficile. Au lieu de promettre de prier pour quelque chose, de s'arrêter et de prier d'abord. Vous vous souviendrez de continuer à prier si vous le faites. La première prière stratégique sert de rappel et enseigne également aux enfants que nous croyons que Dieu a la réponse la plus importante dans la matière.

LA PUISSANCE DE LA PRIÈRE

Rien ne nous aide à prier plus que de comprendre que rien ne fonctionne sans la prière. Les familles peuvent adopter des projets de prière dans lesquels chaque personne prie ou écoute

Dieu au sujet de sa part dans une réponse que Dieu veut donner. Sommes-nous convaincus que la prière fait assez d'une différence que nous osons donner aux enfants une chance de penser largement, prier grand et peut-être étirer notre foi? Rappelez aux enfants que lorsqu'ils prient, ils parlent au Créateur du monde, qui comprend tout à propos de tout. Cette vérité sur Dieu nous donne confiance, foi et infaillible croyance que toute information que Dieu a et Il veut nous donner exactement ce dont nous avons besoin. Qui ne voudrait pas se connecter à un tel pouvoir incroyable? Amenez les enfants à réfléchir à propos de la façon dont Dieu veut utiliser son pouvoir à travers une réponse de la prière. Un enfant qui expérimente le pouvoir de la prière restera dans la prière.

Chaque soir, nous avons un moment spécial en tant que famille. Nous avons une zone désignée dans notre maison pour cela, une place spéciale pour nous assoir, notre Bible familiale, et une bougie que nous allumons qui nous rappelle de l'amour de Jésus qui toujours présent en notre faveur.

Angela, parent

DIEU RÉPOND A LA PRIÈRE

La plupart des questions de nos enfants sur la façon dont Dieu répondra peut être avec «Je ne sais pas - découvrons». Partagez votre confiance que les enfants peuvent savoir ce que Dieu veut leur dire. Exprimez votre conviction que quelle que soit la réponse, elle vient directement d'un cœur d'amour.

Alors que Dieu répond toujours à la prière, il ne répond pas toujours de la manière que nous attendons. Utilisez des exemples de votre propre vie pour démontrer comment Dieu dit parfois: "Non", Il dit parfois : «Pas maintenant», et dit parfois «Oui». Quand la réponse est «Non» ou «Pas encore», cela signifie généralement que nous aurons plus de questions à propos de ce qu'il faut faire ensuite. Enseignez aux enfants à répondre à ces questions de retour à Dieu. C'est comme ça qu'un jeune disciple grandit dans la connaissance et la sagesse de Dieu.

C'est excitant quand un enfant reconnaît la réponse de Dieu à une prière. Et cela donne une grande confiance aux parents. C'est un partie de prépareration à nos enfants à faire face au monde qui l'entoure. En les aidant à comprendre comment Dieu mène à travers de la prière, nous les armons avec la meilleure protection possible. Après tout, la meilleure aide pour nos enfants ne vient pas de nous, elle vient de l'Eternel, le créateur des cieux et de la terre" (Psaume 121: 2).

Nous devons être délibérés pour aider les enfants à recevoir, confirmer, et célébrer les réponses de la prière. Peu importe ce que la prière est, Dieu a une réponse. Vous pouvez garder des prières dans un journal et inclure un endroit pour enregistrer ses réponses. De temps en temps, révisez et célébrez les réponses. Partagez vos propres réponses à la prière avec les enfants en utilisant un langage et des situations adaptées à leur âge.

Il est possible que dans notre dévouement d'enseigner aux enfants à prier, nous n'avons pas utilisé le même effort pour parler des réponses à leurs prières. Non seulement cela encouragera les jeunes croyants dans leurs voyages de suivre Jésus, cela t'encouragera aussi.

Ma mère avait une bougie spéciale, elle l'a placé sur la table de la salle à manger. Quand la bougie brûlait, nous connaissions quelqu'un avait reçu une réponse à la prière et qu'il serait partagé à l'heure du dîner. Il était une occasion de joie et de célébration! Il fait un énorme impact sur ma vie.

Sandy, ouvrière du ministère

LEÇONS DE PRIÈRE DU GROUPE D'ÂGE

Enseignez les techniques de prière en fonction de la façon dont vos enfants apprennent, pas seulement la façon dont tu as appris. Les enfants actifs ont besoin de moyens actifs pour pratiquer la prière. Priez pendant que vous marchez, sautez ou faites rebondir une balle. Les enfants qui apprennent en entendant devraient prier à haute voix. Enfants qui apprennent visuellement bénéficieront de photos. Enfants sociaux ont besoin de beaucoup d'occasions pour prier avec les autres. Voilà quelque d'autres idées selon l'âge.

Enfants

Lorsque vous tenez un enfant, le caressez et priez à haute voix dans un calme, voix aimante. Si l'enfant est éveillé, établissez un contact visuel comme vous priez. Même un bébé va connecter une voix douce avec quelque chose qui est bonne et adoucie. Priez à haute voix pour un enfant ne l'enseigne pas comment prier, mais cela aide les parents et les autres qui prennent soin des enfants, gardons la prière comme composante fondamentale pour toutes les activités de la vie.

Les tout-petits

Faites correspondre les prières avec le niveau d'activité d'un tout petit. Établissez une «promenade de remerciement» autour de la maison ou à l'extérieur. Merci Jésus pour les bulles, des blocs, des arbres, des nuages, des câlins et l'un l'autre. Faite parler à Dieu aussi conversationnel que parler avec la famille et tout aussi fréquent.

Les préscolaires

Commencez un enseignement plus formel mais très simple sur la prière.

Quand un problème survient, suggérez: "Parlons à Dieu à ce sujet".

Quand quelque chose d'amusant fait rire tout le monde, dites: «Remercions Dieu pour cela». Répétez avec des mots et des actions le fait que vous pouvez parler à Dieu n'importe quand, n'importe où et à propos de n'importe quoi. Entrainez des façons d'arrêter et de prier. Rappelez-vous: cela doit être une prière qui vient aussi de votre cœur. Les enfants reconnaissent l'artificialité.

Enfants d'âge Élémentaire

Espérez à ce que les enfants apprennent à lire et à étudier leur monde pour comprendre des leçons profondes et durables sur la prière. Ne sous-estimez pas le pouvoir de leur prière. Partagez comment faire une différence quotidienne dans votre vie. Quand Jésus vous convainc à propos de l'impatience ou une réponse insensible, confessez-le à l'enfant comme quelque chose dont Dieu vous a communiqué. Comme cet exercice spirituel approfondit votre vie de prière, il a un grand potentiel d'influence à l'endroit où vos enfants prient dans leurs vies.

FAIRE DE LA PRIÈRE LE CENTRE

La meilleure façon d'élever des enfants qui prient est d'être une famille de prière. Alors que la prière en famille peut commencer avec les heures de repas et de coucher, ne le laisse pas finir là. Il y a autant de façons de jouir la prière familiale comme il y a des familles. Le suivant est juste quelques idées.

1. Priez avec les Écritures. Prier avec l'Écriture est une merveilleuse façon d'en savoir plus sur la prière. Trouvez des Écritures à propos de la volonté de Dieu, de Dieu de paix, la sagesse de Dieu. Ensuite, créez une prière personnelle sur les mots de l'Écriture, comme Dieu, aide-moi à consacrer mon esprit et le cœur à l'œuvre de la prière. (Voir Colossiens 4: 2.) Cela établit une bonne discussion en famille lorsque vous faites une liste de prière des principes. Écrivez ou tapez des écritures sur des cartes pour un accès facile. Quand c'est une habitude de famille régulière, demandez aux enfants de choisir des Écritures pour prier. Connectez toujours un principe de prière à une situation de vie réelle ou demande personnelle.

2. La bénédiction des prières. Bénissez quelqu'un, c'est demander à Dieu de faire de bonnes choses dans, à travers, et en sa faveur. Déclarez une bénédiction sur vos enfants dans les jours spéciaux tels qu'anniversaires, Noël, baptême, ou le dimanche à l'église. Déclarez une bénédiction avant d'aller à l'école ou au camp. Alors, cherchez des façons d'identifier comment Dieu a apporté les bénédictions que vous avez demandé.

3. Arrêtez et priez. Nous nous arrêtons souvent et parlons des problèmes ou préoccupations de nos enfants. Essayez une stratégie d'arrêter et de prier. Priez d'abord. Parlez en second lieu. Comme indiqué précédemment, cela renforce que vous croyez à plus de pouvoir dans la vie de votre enfant.

Spécialement pour les Jeunes Enfants

- Utilisez un album photo de poche de la famille et des amis pour prier pour les gens qu'ils connaissent et aiment.

- Utilisez un cube photo et insérez des photos de magazine et des choses que Dieu a faites. Utilisez des questions simples pour guider des prières, telles que «Qui a créé les chiens? Remercions Dieu pour les chiens».

- De nombreux livres de prières en plastique, en tissu et en carton sont disponibles pour les jeunes enfants. Assurez-vous d'avoir au moins un. Pensez à le stocker dans un lieu spécial plutôt que qu'avec d'autres livres.

- Les prières d'écho sont bonnes pour les jeunes enfants. Vous dites une phrase de prière, et l'enfant lui fait écho. Comme l'enfant devient plus à l'aise, changez de rôle afin que vous fassiez écho à la prière de l'enfant.

- La Bible du jeu et de la prière est un concept unique qu'utilise une histoire de la Bible comme un centre de prière. Activités de prières créatives pour les familles ou les classes qui suivent chaque histoire.

4. Conservez une boîte de prière ou un journal. Les enfants bénéficient de voir le pouvoir du cercle complet de la prière. Quand vous priez pour quelque chose, écrivez-le et attendez à ce que Dieu réponde. Quand Dieu répond, écrivez la réponse ou le résultat à côté de la demande. Parlez sur le fait que la réponse de Dieu est parfois différente de ce que nous attendions. Quand les enfants voient les réponses de Dieu pour eux-mêmes, ils apprennent la puissance de la prière.

5. Le sac du livre et sac de prières. Ecrivez une prière sur un papier de note, et glissez-le dans un sac de livre ou un sac à lunch. Alors, pensez à d'autres façons de rappeler aux enfants que vous priez.

6. Armoires et coins de prière. Si c'est vrai que nous prions, ce n'est pas aussi important que simplement prier, demandez aux enfants de nommer un endroit différent pour prier dans votre maison ou à l'église. Ensuite, rassemblez tout le monde à cet endroit pour le moment de la prière.

7. Prières écrites et mémorisées. Prenez le temps d'écrire une prière de groupe pour votre famille ou votre classe. Cela pourrait être une nouvelle année de prière que vous priez de temps en temps. Cela pourrait être à propos de quelque chose que vous voulez apprendre en famille ou en classe. Les prières qui sont mémorisées offrent de bons modèles et fournissent un endroit facile à démarrer avec de jeunes enfants. Trouvez des moyens d'utiliser des prières à la fois écrites et mémorisées pour stimuler les enfants à prier dans leurs propres mots.

LA FAMILLE QUI PRIE ENSEMBLE

Vous avez entendu que la famille qui prie ensemble reste ensemble. Il y a quelque chose de particulier qui lie les liens de prière. Ils remplacent le sang et les liens matrimoniaux. Ils sont cette connexion éternelle à un Dieu éternel qui veut faire une différence éternelle dans la vie de chaque personne. Priez ensemble. Il n'y a pas de substitut. Si le temps est votre plus grand obstacle, considérez des façons de prier quand vous êtes déjà ensemble, comme les heures de repas, les heures de conduire, etc. Vous n'avez pas besoin de faire une longue prière. Commencer cette pratique dans une certaine manière aujourd'hui. La prière vous connecte à chaque réponse des besoins de votre famille, parce que la prière vous relie à Dieu.

- Parlez aux enfants au sujet de quoi ils prient. Posez des questions qui se rapportent à des leçons sur la prière, telles que «Que dit la Parole de Dieu au sujet de cela"?

- Ajoutez votre phrase de prière à la prière d'un enfant pour l'aider à savoir que vous priez, aussi, comme Dieu, je ressens la même manière que Sarah se sent. Enseignez aux autres enfants à ajouter une pensé ou un accord à la prière d'un frère en le priant.

- Priez pour les autres. Créez une liste de prières pour votre famille pour la semaine en demandant à qui vous devriez prier et comment Dieu pourrait vouloir que vous priiez pour cette personne-là.

- En lisant les histoires bibliques, cherchez ceux qui partagent comment Dieu a livré des messages importants quand les gens ont prié. Cherchez des occasions de relier la leçon à quelque chose dans la vie de l'enfant.

- Mémorisez la prière du Seigneur ensemble. Parlez de ce que cela signifie le vivre. Ensuite, prenez une phrase par semaine comme une base de prière.

- Priez les Béatitudes et parlez au sujet de comment faire les caractéristiques du royaume de Dieu une description de votre famille.

- Priez avec le Psaume 23 ou tout autre psaume. Expérimentez avec des paraphrases qui pourraient mieux concerner les enfants.

J'ai demandé à notre fillette ce qu'elle a appris de nous à propos de la prière. Elle m'a dit que quand elle savait que nous priions pour elle, elle savait que Dieu était impliqué. Elle a admis qu'elle encourageait d'être honnête avec nous parce que Dieu savait tout, et nous parlions à Dieu.

POUR LES OUVRIERS DU MINISTÈRE

1. Les ouvriers du ministère ont la possibilité de donner aux enfants un groupe social différent dans lequel ils peuvent en apprendre davantage et pratiquer la prière. Faites de la prière une partie importante de votre rassemblement. Ne le traitez pas comme un serre-livres, juste un moyen de commencer ou terminer une leçon. Rendez la connexion de Dieu réelle. Priez avec un ton de conversation. Utilisez les mêmes types de mots que vous utilisez pour parler à votre meilleur ami.

2. Enseignez un principe sur la prière en priant ensemble. Utilisez des questions comme «Que se passe-t-il quand nous prions?» Une réponse est que nous nous connectons avec Dieu. Demandez, «Si Dieu sait tout, pourquoi prions-nous? « Nous prions pour que Dieu puisse nous dire ce qu'Il veut que nous sachions ou alors nous pouvons recevoir d'aide spéciale ou direction.

3. Utilisez les Écritures pour guider la prière, en particulier à propos des difficultés. Par exemple, la Bible nous dit dans 2 Thessaloniciens 1:12 que nous devrions prier pour que le nom de Jésus se répande. Comment pouvons-nous prier à ce sujet? Qu'est-ce que Jésus pourrait faire si nous continuons à prier au sujet de cela?

4. Envisagez d'autres idées qui pourraient enrichir les expériences de prière de votre classe:

   • Utilisez des chaines de prière. Il y a quelque chose de puissant à propos de debout ou assis dans un cercle et conduisant les enfants à prier ensemble pour quelque chose. Quand quelqu'un a une demande, demandez à cet enfant de se tenir au centre afin de souligner le soutien de la prière.

• Encouragez les enfants à prier à l'autel. Planifiez un temps dans le sanctuaire pour parler de la prière à l'autel. Encouragez les enfants à prier tranquillement à côté d'un ami qui vient prier à l'autel.

• Aidez les enfants à prier ensemble dans le culte corporatif sur quelque chose de spécial. Encouragez-les à prier pour les gens et les situations comme un pasteur prie, même quand ils ne connaissent pas la personne ou la situation. Aidez-les à penser à propos de toute la puissance qui vient quand on prie ensemble.

• Aidez les enfants à se soutenir mutuellement dans la prière. Enseignez la classe à se soutenir les uns les autres en continuant à prier pendant la semaine pour les demandes spéciales. Utilisez une carte rappel de prière. Encouragez les enfants à suivre leurs prières pour quelqu'un de savoir comment Dieu a répondu à leurs prières. Utilisez des partenaires de prière.

• Mettez en place des stations de prière. Ceux-ci peuvent être des différents endroits autour de la salle de classe et peut inclure des images sur le mur ou des symboles sur une table avec une idée sur quoi prier. Jouez une musique de fond et laissez les enfants choisir une station et prier. Vous pouvez également ajouter des activités: dessinez une image au sujet de votre prière, écrivez votre nom après que vous priez, priez avec quelqu'un, écrivez une note à une personne pour qui vous avez prié, etc.

- Envisagez un ordre de prière des enfants, un bimestriel, adapté aux enfants, publication non datée conçue pour "encourager une vie de la passion pour le Christ à travers la prière».

TERRE SAINTE

Il y a une grande différence entre enseigner les bases d'une connaissance et enseigner des façons d'appliquer cette connaissance qui débouche sur une relation. Nous pouvons dire aux enfants quand prier et quoi prier, mais la vraie prière va plus loin. La vraie prière est une conversation avec Dieu. Les mots nous aident à faire ce lien, mais la prière ne concerne pas les mots que nous utilisons. Il s'agit de ce qui vient du cœur.

Il est impossible d'enseigner la prière aux enfants sans apprendre quelques leçons de votre cru dans le processus. C'est la beauté du travail du guide et d'enseignement. Parfois, l'étudiant devient l'enseignant. Parfois, les enfants prennent les leçons et courent avec eux. Mais n'est-ce pas ce que nous voulons? Nous ne voulons pas simplement reproduire notre foi dans les enfants. Nous voulons élever des enfants à vivre avec une foi extraordinaire dans le monde dans lequel ils grandissent.

La prière aide les enfants à grandir dans la foi. Cela fait que tous les autres composantes d'entrainement de disciple s'emboîtent. Quand les enfants appliquent leur innocence, leur honnêteté, leur énergie et leur optimisme pour une conversation avec Dieu, reculez-vous sur une terre sainte.

POUR LES PARENTS

1. Répondez à la question posée au début de ce chapitre: Si mon enfant reproduit ma vie de prière, reproduira-t-il ce que veut Jésus?

2. Comment ai-je partagé ouvertement ma vie de prière avec mes enfants? De quelles manières ai-je besoin de le faire plus?

3. Quelles idées de ce chapitre dois-je incorporer maintenant?

POUR LES OUVRIERS DU MINISTÈRE

1. Comment ai-je fait de la prière une priorité quand je travaille avec des enfants?

2. Comment puis-je faire de plus pour encourager une connexion avec Dieu quand nous prions?

3. Comment puis-je aider les enfants à comprendre la valeur de d'incorporation de prière dans le culte?

LA PRIÈRE D'UN FAISEUR DE DISCIPLE

Dieu de conversation, aide-moi à t'écouter plus attentivement afin que les enfants de mon influence ne puissent attendre le son de ta voix. Au nom de ton Fils, je prie. Amen.

LEÇON 6

APPRENTISSAGE POUR LIRE ET ÉTUDIER LA BIBLE

La révélation de tes paroles éclaire.

-PSAUME 119: 130

Le conférencier spécial des enfants se tenait devant un groupe des enfants et leurs parents. Il les avait déjà gagnés avec son humour, ses tours de magie simples et ses histoires captivantes. Maintenant, il se tenait devant eux avec une grande Bible dans ses mains.

«Je ne sais pas pourquoi certaines personnes pensent que la Bible est ennuyeuse» dit-il. Il a ouvert sa Bible en tournant soigneusement sa tête pour regarder à l'extrême gauche de l'auditoire. Quand il l'a fait, les flammes ont sauté de sa Bible. Bien sûr les enfants criaient et pointaient avec beaucoup d'enthousiasme. Il a fermé la Bible et a agi comme s'il ne savait pas ce qui se passait. Il continuait à parler de l'excitation de sa Bible. Quand il fait, il tourna la tête pour parler à l'extrême droite cette fois. La même chose s'est encore produite. Les flammes ont sauté de l'ouverture de la Bible, et l'excitation des enfants s'est intensifiée.

Bien que nous ne sachions pas avec certitude comment il l'a fait, les parents et les enfants plus âgés savaient que c'était une sorte de truc. Astuce ou non, il a fait valoir son point et a continué à approfondir les enfants la conscience que la Bible est un livre d'aventure, de mystère, de rebondissements, et de parcours. En tant que parents et ouvriers du ministère, nous souhaitons tous que la Bible enflamme la maison afin que nous puissions attirer nos enfants dans son contenu avec plus de succès.

Pourquoi les enfants ne peuvent-ils pas tomber amoureux de la Bible comme s'ils étaient convaincus par les flammes qui commandaient leur intérêt immédiat? Comment pouvons-nous encourager leur curiosité à trouver les vérités qui rendent positif des différences dans leurs vies? Comment pouvons-nous les aider à comprendre que la Bible est plus qu'un ensemble de mots imprimés ou compilation historique ou même un manuel d'information à apprendre? La Bible est un échange vivant avec une personne vivante.

Les parents chrétiens comprennent l'importance de la Bible et veulent qu'elle soit centrale dans leur vie familiale. Les enseignants d'école dominicale l'utilisent comme une source pour chaque leçon. Les dirigeants du culte des enfants utilisent les écritures et les histoires qui s'y rapportent. Le pasteur en prêche chaque semaine. Partout les enfants vont à l'église, la Bible est à l'avant et au centre. Ne devrait-il pas être facile pour les enfants de tomber amoureux d'elle? Pas nécessairement. Bien des fois il y a un décalage entre les histoires et les leçons de la Bible et de l'utiliser pour guider des actions et attitudes.

Alors, qu'est ce qui fait la différence? Qu'est-ce qui encourage les enfants à embrasser la Bible comme la lecture la plus importante qu'ils ne feront jamais dans leur vie? Il n'y a pas de réponse unique à cette question, mais il y a quelques compréhensions qui encouragent la relation amoureuse à prendre sa place.

La Bible nous dit qui est Dieu. Nous étudions l'histoire d'Abraham et découvrir que Dieu est un gardien de promesses. Nous étudions Jonas et découvrir l'intensité de la passion de Dieu pour ceux qui ne le connaissent pas et se détourne de Lui. Chaque histoire nous dit quelque chose de nouveau ou renforce quelque chose que nous savons déjà à propos de Dieu. Quand nous arrivons au Nouveau Testament, nous arrivons à l'image la plus importante de Dieu que nous avons — Jésus! Comme un enfant a dit, «Jésus est la meilleure image que Dieu ait jamais prise». Dieu—Son amour, sa mission et sa sainteté sont le sujet de chaque histoire et lettre. Conservez le personnage principal pendant que vous lisez et étudier la Bible avec les enfants. La Bible rend Dieu plus grand que la vie, parce qu'Il est. Nous devrions faire la même chose.

La Bible est la Parole vivante de Dieu. La Bible n'est pas seulement un livre de bonnes paroles ou de mots sages. Elle partage la Parole de Dieu. Dieu donne le même mot puissant et créatif qui a fait les cieux et la terre pour communiquer avec nous. Rien d'ennuyeux à ce sujet! Hébreux 4:12 nous rappelle que «la parole de Dieu est vivante et efficace». Comment aidons-nous les enfants à le savoir? Le meilleur moyen est à travers de ce que la Parole efficace de Dieu a fait dans nos vies. Ce qui vit, actif le travail continue maintenant dans votre vie à cause de la Parole de Dieu? Enseignez aux enfants ce que dit la Parole de Dieu sans partager qu'apprendre à lire et étudier la Parole de Dieu dégénère en connaissance de la tête. Dieu ne se partage pas à nous à travers Sa Parole afin que nous en sachions plus; Il se partage à travers Sa Parole afin que nous puissions laisser que Sa Parole nous transforme.

La Bible est un livre de vérité. Nous voulons que nos enfants connaissent la vérité et être libérés de tout ce qui n'est pas vrai. (Voir Jean 8:32). En les aidant à découvrir la Parole de Dieu comme vérité de tout âge, période ou culture est essentielle à votre disciple et indépendance spirituelle. Quand les enfants tombent amoureux de la vérité de Dieu en tant que phare de leur vie, ils grandissent de manière que nous ne pourrions pas arriver, même avec le meilleur support paternel ou de l'enseignement des connaissances.

UNE LEÇON IMPORTANTE

Un leader d'étude de la Bible a contesté une salle pleine de mères pour aider leurs enfants à développer un amour pour la lecture de la Bible avec le la même détermination de les encourager de lire en général. Elle avait raison. J'étais complètement dévoué pour aider ma fille Lisa à apprendre à lire. Ai-je pensé qu'elle ferait naturellement de sa lecture biblique des connaissances par ses propres moyens? C'est quand j'ai trouvé des vocabulaires dans les livres d'histoires bibliques correspondant à différents niveaux de lecture. C'était ce dont je ne savais pas que j'avais besoin. Lisa lisait les livres à l'école de la même manière. Quand je lui ai donné le premier lecteur d'histoire biblique, elle était excitée de lire des histoires bibliques pour elle-même. Comme ses connaissances se sont améliorées, j'ai continué à trouver des livres d'histoires bibliques correspondant à sa lecture, capacité jusqu'à ce qu'elle puisse lire la Bible.

Contrairement à d'autres questions dans l'enseignement de disciple, la lecture de la Bible et l'étude biblique dépend de certaines connaissances académiques de base. Jusqu'à ce qu'un enfant ait une capacité de lire, même la Bible Nouvelle Version

Internationale des enfants est juste quelque chose à transporter. Puisque la Bible doit devenir une importance pour les enfants dès le début, nous ne pouvons pas attendre la capacité de lecture pour être une habilité accomplie avant de présenter la Bible aux enfants. Voici quelques façons de combler le vide.

- Commencez avec des livres d'histoires bibliques simples et des collections conçues pour les lecteurs débutants. Certains de ces livres fonctionnent pour les enfants qui apprennent à lire ou à trotter en premier lecteur. Ils peuvent également indiquer la dimension de la lecture. (Voir Annexe pour des exemples.)

- Laissez l'enfant utiliser le livre d'histoire de la Bible de la même manière que les enfants plus âgés utilisent la Bible pour lire et étudier une histoire biblique.

- Utilisez une approche de lecture ensemble. Vous lisez une phrase, et ensuite, votre enfant lit une phrase. Faites de la lecture biblique un code de ce processus pour vous.

- Commencez avec des livres d'histoires bibliques qui racontent l'histoire de la Bible sans ajouter des informations ou des détails supplémentaires.

- Assurez-vous que le personnage principal de l'histoire de la Bible est Dieu. La Bible nous dit ce que Dieu est en train de faire.

- Continuez à demander à votre fournisseur d'édition chrétienne pour plus d'informations à propos de nouvelles ressources.

POUR LES JEUNES ENFANTS

Il est important de trouver des moyens de présenter la Bible aux jeunes enfants avant qu'ils puissent lire. Recueillir le tableau d'histoire de la Bible et des livres en tissu comme Mon livre de la Bible. Découvrez des collections d'histoires bibliques, en particulier ceux qui sont conçus pour les tout-petits et les enfants d'âge préscolaire. Ils ont un texte limité et des images colorées. Lisez les histoires, ou simplement parlez à travers le livre, permettant à l'enfant de vérifier et poser des questions sur les images. Utilisez des objets d'artisanat de l'église, guidez un jeune enfant à raconter l'histoire. Gardez certains d'entre eux dans un endroit spécial à utiliser chaque fois que vous lisez à nouveau l'histoire d'un Livre d'histoire de la Bible. Développez un amour pour la Parole de Dieu à travers Ses histoires est un bon moment de commencer avec de jeunes enfants.

COMMENCER À LIRE LA BIBLE

C'est émotionnant quand les enfants commencent à lire. Ils ne doivent plus mettre leur monde ensemble pour eux-mêmes. Ils peuvent le voir à travers d'autres yeux. C'est particulièrement vrai de l'apprentissage de la lecture de la Bible. La Bible nous aide à voir la vie à travers les yeux de Dieu. Quelqu'un peut nous dire ce que dit la Bible, mais quelque chose de très personnel arrive quand nous le lisons nous-mêmes. Cela devient une conversation personnelle avec Dieu. Nous n'obtenons plus les informations deuxième et troisième main. Nous l'obtenons de celui qui était là quand l'histoire est arrivée.

C'est ce qui rend la lecture de la Bible différente de la lecture de n'importe quel autre livre: l'auteur se présente à chaque fois. Dieu interprète et illumine Sa Parole pour qu'elle devienne un message personnel. Aidez les enfants à comprendre comment recevoir ce message personnel comme ils développent leurs talents en lecture est un élément critique d'entrainement de disciple.

Lire est un talent qui prend plusieurs années à développer comme outil utile pour lire la Bible. La Bible n'est pas le livre le plus facile pour les nouveaux lecteurs ou quelqu'un qui a du mal à lire. J'ai appliqué un test de lecture de niveau de lecture à Luc 2: 1-4 de la Nouvelle Version Internationale et trouvé qu'il est écrit à une huitième année du niveau de lecture. Cela signifie que certains enfants auront du mal à lire la Bible par eux-mêmes à cause de leurs capacités de lecture.

En tant que parents et enseignants, nous devons faire l'amour de Dieu et de Sa Parole la priorité. La lecture est une façon de le faire, mais considérez d'autres moyens.

- Utilisez des versions audio de la Bible sur bande ou sur CD. (Voir l'annexe par exemple.) Laissez un enfant à lire après l'avoir entendu.

- Pratiquez la lecture d'un simple verset biblique avec des enfants avant de les demander de le lire à haute voix.

- Mémorisez un verset, puis aidez votre enfant à le lire dans
la Bible.

- Enquêtez sur les traductions de la Bible par les enfants. (Voir «Bible, Versions pour enfants» sidebar.)

- Utilisez une Bible conçue pour l'anglais comme deuxième langue.

- Faites en sorte que chaque expérience de lecture à haute voix et silencieuse soit positive et réussite comme c'est possible.

Compétences bibliques

Grades 1-2

Enseignez à l'enfant la différence entre l'Ancien et le
Nouveau Testaments.

Instruisez à l'enfant à trouver quelques livres par lui-même:

Genèse, Psaumes, Evangiles, etc.

Éduquez à l'enfant à mémoriser des versets simples.

3e et 4e année

Enseignez à l'enfant à trouver un verset dans la Bible par sa
référence et le lire.

Enseignez à l'enfant à commencer une étude biblique dirigée.

5e à la 6e année

Enseignez à l'enfant à utiliser une concordance et une autre
Bible comme des outils de recherche.

Enseignez à l'enfant à commencer une lecture indépendante
de la Bible et étude.

Dans les classes de l'école du dimanche, soyez sensible aux différents niveaux de lectures. Offrez la traduction la plus facile pour la plupart des enfants. Gardez un ou plusieurs livres d'histoires bibliques pour les lecteurs débutants. Accouplez un lecteur avec un non-lecteur. Permettez aux enfants de se porter volontaires avant de demander à quelqu'un de lire à voix haute. C'est un autre endroit où le partenariat entre la maison et l'église aide. Souvent le ministère des ouvriers peut offrir plus de ressources à l'église pour aider les enfants à explorer les Versions bibliques et ressources d'étude biblique. Cependant, sans soutien à domicile pour connecter la Bible à des expériences avec la réalité de la vie, les explorations peuvent ressembler de plus à des leçons d'école aventure qui encourage l'amour pour la Parole de Dieu.

QU'EN EST-IL DES VERSIONS BIBLIQUES?

Aujourd'hui nous avons beaucoup de traductions et de paraphrases. Assurez-vous de connaitre la différence. Une traduction commence à partir de la langue originale et rend la traduction mot à mot la plus proche possible. Une paraphrase commence par une traduction et utilise des langue et contextes pour le mettre à jour. Les paraphrases tendent à utiliser des phrases plus longues et plus complexes qui les rendent plus difficiles pour certains enfants à lire. Cependant, ils peuvent aussi utiliser un vocabulaire plus simple. Le meilleur plan est de sélectionner une traduction de base. Les enfants ont besoin de la répétition pour entendre des choses et plus, de la même manière à chaque fois, comme ils construisent leur compréhension et l'amour pour la Bible.

MA BIBLE

Faites en sorte que votre propre Bible soit spéciale pour les enfants. Demandez-leur d'apporter leurs Bibles en famille. Encouragez-les de prendre leurs Bibles à l'église. Lisez de leur Bible. Donnez-leur des projets de recherche simple. Offrez des livrets d'activités bibliques qui exigent qu'ils utilisent leurs propres Bibles pour répondre aux questions. Faites en sorte de creuser dans la Bible en s'amusant pendant qu'ils développent leur lecture et étudier les caractères. Veillez à ne pas sur doser sur la création l'aspect d'activité sans souligner la présence de Dieu dans Sa Parole. Sans la connexion à Dieu, la Bible devient juste un autre livre à étudier.

L'IMPORTANCE DE LA BIBLE POUR LA VIE FAMILIALE

La Bible devient une partie importante de la vie d'un enfant lorsqu'elle est une partie importante de la vie de la famille. Lisez-en. Priez à partir de cela; Utilisez-le pour répondre à des questions. Gardez une Bible de famille avec des dates importantes pour les naissances familiales, les baptêmes, les graduations, etc. Partagez quelque chose de la Bible pour célébrer les anniversaires et des autres jours spéciaux. Plus vous utilisez la Bible ensemble pour engager la famille et répondre aux besoins réels, plus les enfants comprennent que la Bible est la meilleure Parole pour la vie. Voilà quelque d'autres idées:

- En lisant un livre d'histoire biblique, montrez aux enfants où l'histoire se trouve dans la Bible.

- Permettez que les enfants trouvent dans leurs Bibles les Écritures que vous prévoyez à lire.

- Laissez les enfants entendre souvent, «Que dit la Bible à propos de cela? « Et prenez le temps de les aider à découvrir la réponse.

- Lisez la Bible à travers des histoires.

- Ayez un verset biblique pour la semaine ou le mois.

- Mémorisez les Écritures ensemble.

- Revoyez la leçon des Écritures de l'école du dimanche ou du culte d'adoration durant la semaine.

- Jouez à des jeux bibliques.

- Trouvez des moyens de renforcer les leçons bibliques de l'école du dimanche, culte des enfants, quizz, et ainsi de suite.

- Sélectionnez un verset de vie pour chaque enfant. Utilisez-le pour parler de la croissance spirituelle dans leur vie.

- Aidez les enfants à trouver un message dans leur Bible pendant le culte.

Soyez excité lorsque les enfants initient une connexion biblique à la vie. Cela signifie qu'ils connaissent une croissance spirituelle. Comprenez ce que la Bible dit est une chose, mais pour connecter ce que la Bible dit à une situation réelle dans la vie est la marque du vrai disciple. La formation de disciple est toujours plus sur la vie que le temps de la classe.

ENSEIGNER LES ENFANTS A ÉTUDIER LA BIBLE

La plupart des enfants ne plongera pas dans la Bible pour trouver une réponse à une question de vie. Il faut habituellement du temps en tête-à-tête pour développer leur intérêt pour l'étude biblique indépendante. Le défi pour les familles qui veulent le faire ensemble est accommodant de différents niveaux de compétence. Cependant, en essayant de trouver le temps de travailler avec chaque enfant peut devenir un cauchemar de la meilleure pratique qui est quelque part entre les deux, en alternance et le coaching de groupe. Rappelez-vous: l'idée n'est pas la maîtrise des compétences, c'est à l'école. Le but est d'aider votre enfant à avoir une relation amoureuse avec Dieu. Gardez la première chose en premier lorsque vous équipez votre enfant à découvrir ce que la Bible dit et signifie.

Même si l'étude de la Bible est nouvelle pour vous, vous pouvez toujours aider les enfants à savoir plus sur la Bible.

Apprenez comme vous allez avec les enfants. Quelle pourrait être plus excitant que cela?

Enseignez des talents simples d'abord. Enseignez la différence entre l'Ancien et le Nouveau Testament avec des jeux. Enseignez comment trouver un livre dans la Bible en utilisant la table des matières. Aidez-les à comprendre comment trouver un verset par son «adresse» - le chapitre et le verset.

Rendez les ressources d'étude disponibles. Achetez un volume encyclopédie de la Bible pour enfants. Les enfants experts en informatique apprécieront des ressources d'étude en ligne. Les bibles d'étude et d'application contiennent de nombreuses ressources utiles. Enseignez aux enfants comment rechercher les vocabulaires bibliques en utilisant une concordance.

DES MÉTHODES D'ÉTUDE BIBLIQUE

Il y a plusieurs manières d'étudier un passage biblique. Tout plan qui engage les enfants pour une application personnelle est agréable. La Bible d'étude étudie un passage ou un livre pour trouver ce qui pourrait être manqué en lisant. Trouvez un plan d'étude simple qui capture l'information la plus importante pour qu'un enfant puisse l'utiliser immédiatement dans une situation de vie. Ce qui suit sont deux possibilités.

Le plan 5Q

Le plan 5Q est l'approche journalistique. Il applique le qui, quoi, quand, où et pourquoi méthode-la méthode que les nouveaux écrivains utilisent pour recueillir des informations pour une histoire.

QUI est dans l'histoire? La réponse évidente est «n'importe qui est nommé dans l'histoire». Parfois des personnages mineurs dans l'histoire a aussi des antécédents et des relations qui nous donnent un aperçu de qui ce passe. Aidez les enfants à penser aux gens qui ne sont pas mentionnés. Des enfants au-raient-ils été présents mais pas mentionné? Quand un enfant pense à l'histoire du point de vue de quelqu'un de son âge, il le garde personnel.

QU'EST-CE qui se passe? Un repas était-il impliqué? Est-ce que quelqu'un pose une question? Un argument s'est-il développé? Est-ce un enseignement historique? Cherchez des mots d'action. Parfois plus d'une chose s'est passée.

OÙ cela s'est-il passé? Alors que la recherche biblique exige que nous comprenons des détails importants sur l'endroit où une histoire s'est produite, nous devons garder les enfants concentrés sur l'application. Ils peuvent répondre la question où en identifiant simplement la ville, la maison, ou la colline.

QUAND est-ce que cela s'est produit? Quand la lettre a-t-elle été écrite? Quand était Quirinius gouverneur de la Syrie? Ne vous concentrez pas uniquement sur l'histoire chro-nologique. Était-ce la première chose du matin? C'était tôt pendant la semaine? Était-ce au milieu d'une célébration spé-ciale? Était-ce une bonne journée? Un jour triste? Une journée chaude? Un jour normal?

POURQUOI est-ce dans la Bible? Pourquoi Jésus a-t-il répondu comme il l'a fait? Pourquoi Dieu a t-il demandé à quelqu'un de faire une certaine chose? Pourquoi les gens étaient-ils confus? Pourquoi étaient-ils heureux? Peu importe ce que d'autres pourquoi les enfants répondent aux questions, assurez-vous qu'ils se terminent par Pourquoi ai-je besoin de comprendre cela?

Veillez à ne pas submerger les étudiants bibliques débutants. L'application personnelle est plus importante que le processus. Chaque question «Q» pourrait devenir une étude en soi; ne le laissez pas. Gardez les choses simples et aidez les enfants à faire des découvertes pour eux-mêmes.

Ce plan 5Q est un bon plan à utiliser dans une étude de groupe. Divisez un grand groupe en petits groupes, et attribuez à chaque groupe une question «Q». Assurez-vous que tout le monde dans la famille ou la classe a une opportunité de faire des découvertes personnelles et prendre ses responsabilités personnelles pour une étape d'application.

La méthode EOAPO

L'acronyme EOAPO aide les enfants à apprendre une méthode d'étude biblique facile à retenir. C'est une façon de penser à la Bible comme savon dans ta vie pour te nettoyer.

«E» est pour l'Écriture. Ecrivez le passage de l'Ecriture. Utilisant une courte histoire biblique, surtout lorsque les enfants commencent à apprendre la méthode.

«O» est pour l'observation. Ce qui ressort de cette histoire et pourquoi? Est-ce la compassion de Jésus? Est-ce la réaction de la foule? Faites une liste de ces observations.

«A» est pour l'application. Qu'est-ce que Dieu veut que je fasse a cause de ce que j'ai observé? Devrais-je parler de quelqu'un de la gentillesse? Dois-je partager quelque chose avec quelqu'un d'autre?

«P» est pour la prière. Comment puis-je prier ces leçons pour qu'elles deviennent une partie de ma vie? Ecrivez une phrase de prière sur ce que j'ai besoin d'appliquer.

«O» est pour oui. Puis-je dire oui à ce que Dieu veut que je fasse? Cette étape d'affirmation personnelle de la Parole de Dieu est très importante. Il enseigne aux enfants à assumer la responsabilité de faire quelque chose à propos d'une leçon ou d'une instruction.

ENCOURAGER L'APPRENTISSAGE INDÉPENDANT

Il y a peu d'autres compétences pour apprendre à suivre Jésus qui sont plus important que d'apprendre à étudier la Bible pour soi-même. C'est vrai pour les enfants et les adultes. L'étude biblique indépendante est notre objectif et celui de nos enfants. Nous commençons en leur donnant les compétences, la pratique et l'encadrement dont ils ont besoin. Ensuite, nous les encourageons à utiliser ces habilités pour trouver leurs propres réponses dans la Bible. Alors que nous avons tous besoin d'aide pour débloquer la vérité difficile, la maturité en tant que disciple de Jésus signifie que le disciple se développe comme un éduquant indépendant. Ce sont les moments «ahaha» qui permettent à la personne de devenir ce genre d'apprenant. Il faut plus que de pointer vers le bas de la bonne réponse ou en remplissant le formulaire vide des feuilles.

Souvenez-vous quand quelque chose dans la Parole de Dieu a fait sa première intersection claire avec votre cœur? Rappelez-vous combien puissante a été la compréhension? Cela ne vous donnait pas envie de trouver quelque chose de plus? C'est ce qui pousse les enfants à devenir chercheurs indépendants. Nous fournissons la possibilité pour cette découverte avec des idées, des compétences et une structure simple. Cependant, seul le Saint-Esprit et la réceptivité d'un enfant à sa communication fourniront la flèche qui fait l'œil de bœuf.

UTILISER QUIZZ

Quizz est une manière passionnante d'étudier la Parole de Dieu. Les enfants étudient six livres de la Bible dans un premier au programme du sixième niveau. Ils participent à une compétition amusante et non menaçante, cela donne des points pour des réponses correctes. Il incorpore deux niveaux de compétence. Le niveau rouge est pour les lecteurs débutants et les enfants qui ont besoin d'une approche plus simple. Le niveau bleu est pour les enfants avec des compétences de lecture, d'étude et de traitement mieux développés.

La beauté du ministère quizz de la Bible est que ce n'est pas vraiment nécessaire de participer à des événements organisés pour profiter du matériel. Le matériel offre une ressource inestimable pour étudier la Bible à la maison ou dans un contexte de petit groupe. Assurez-vous de modéliser le niveau d'apprentissage engagé que vous voulez pour les enfants.

Si vous n'apprenez rien de nouveau, les enfants ne seront pas mis au défi pour ce faire. Partagez comment une faim pour la Parole de Dieu vous rend excité de fourrager plus profondément pour savoir ce que vous avez manqué en dernier temps que vous lisez cette histoire. Aidez les enfants à comprendre que la Bible est une source infinie de compréhension et d'aide. Personne n'est trop vieux pour étudier la Bible.

Peu importe la méthode ou le matériel que vous utilisez pour aider les enfants à apprendre à lire et étudier la Bible, faites des concessions pour de différents styles. Ne supposez pas que la façon dont vous avez appris à étudier la Bible est le meilleur moyen. Donnez aux apprenants actifs quelque chose à faire pour répondre aux questions, pas seulement quelque chose à écrire. Dessiner une image. Faire une chronologie sur le mur. Coller une carte sur le sol. Jouer à un jeu. Laissez les apprenants visuels étudier les images et les dessiner. Laissez les apprenants tactiles manipuler des marionnettes et des caractères découpés. Dieu est un maître dans la compréhension des différences individuelles. Laissez-le vous aider à individualiser votre approche.

CACHER LA PAROLE DE DIEU

Parce que nous ne portons pas nos Bibles avec nous partout où nous allons, il est important de mémoriser les écritures et les passages clés. La technologie a fait tellement d'informations disponibles à portée de main que nous sommes devenus négligents en mettant l'accent sur le travail de la mémoire. Maintenant plus que jamais, il est important de mémoriser la Parole de Dieu.

Mémoriser la Parole de Dieu aide à la planter dans les cœurs et les esprits des enfants où ils peuvent continuer à grandir et le Saint-Esprit peut l'utiliser pour façonner leur vie. Mémorisez le Psaume 23, la prière du Seigneur, les béatitudes, les dix commandements, ainsi que des autres écritures spécifiques.

PAS SEULEMENT À PROPOS DE L'ÉTUDE

Tomber amoureux de la Parole de Dieu ne se limite pas à dépenser plus de temps dans l'étude. Les enfants auront la mauvaise idée de la Parole de Dieu si nous leur faisons penser qu'ils doivent étudier beaucoup plus. Beaucoup d'enfants sont déjà débordés à l'école. Au lieu, nous pouvons leur donner la chance de voir des résultats immédiats dans leurs vies comme ils appliquent quelque chose qu'ils ont appris. Les parents ont un avantage sur les ouvriers du ministère en faisant cela, parce que les parents peuvent correspondre à une histoire ou un passage aux besoins de la vie réelle. Ils peuvent affirmer toute tentative de mettre en pratique une leçon biblique. Ils peuvent aider à relier la Bible à la vie jusqu'à ce que l'enfant commence à faire les connexions tout seul.

Voici des autres manières d'engager les enfants dans l'apprentissage de la Bible sans mettre le temps d'étude de côté.

- Lisez une portion d'Écriture le matin et parlez des façons dont Dieu peut l'utiliser dans la vie pendant la journée.

- Lisez la Bible à haute voix. Elle a été écrite pour être lue à haute voix. Permettez que les différents membres de la famille lisent des «parties» en assignant le dialogue biblique avec eux. Parlez de ce qui peut être appris sur l'amour de Dieu, la direction, l'avertissement, la compassion, etc.

- Lisez des histoires de la Bible sur les familles de Moïse, Jacob, David et d'autres. Ces histoires enseignent beaucoup de choses

d'être une famille aimante.

- Créez une collection de versets bibliques préférée pour la famille.

- Gardez un cahier de notes sur la façon dont votre famille a reçu de l'aide et l'instruction de la Bible.

- Lisez une histoire biblique par semaine afin que vous puissiez parler de différents aspects de l'histoire tous les jours.

- Mémorisez ensemble les Écritures et trouvez des moyens de partager les Écritures mémorisées avec l'autre pendant la semaine.

- Trouvez une liste de sujets de références rapides à lire lorsque vous vous sentez triste, confus, solitaire ou heureux, ou en faire un qui correspond aux besoins de vos enfants.

- Lorsque vous partagez des parties de la Bible avec vos enfants, demandez à vous-même, que feront les enfants avec cette information de leur propre leader cette semaine?

- Utilisez Connecte-toi # 4. Ceci est un guide de dévotion familiale complète avec des activités d'étude biblique pour les enfants, des questions pour la discussion de tout ce dont vous avez besoin dans un livret.

UN PARTENARIAT RÉEL

Chaque lieu d'entrainement disciple profite du travail d'équipe entre maison et église. Les ouvriers du ministère ne peuvent être totalement responsables pour enseigner les enfants qui grandissent dans des familles chrétiennes. Ils auront leurs bras ouverts vers les enfants qui viennent de familles qui ne suivent pas Jésus.

Idéalement, un partenariat équilibré existera entre la maison et église. Quand les cours de l'école du dimanche enseignent l'étude biblique fondamentale, les habilités et les parents renforcent ces compétences à la maison au quotidien des expériences de la vie, quelque chose de très spécial arrive: les enfants commencent à reconnaître un lien entre leur vie et celle de la Parole de Dieu.

Il est important de mettre la barre haute, non pas pour les enfants, mais pour nous-mêmes. Nous ne pouvons pas reproduire chez nos enfants ce qu'ils ne font pas voir fonctionner en nous. Est-ce que nous démontrons notre passion pour Dieu? Mot? Est-ce qu'ils nous voient chercher la réponse de Dieu à un problème de vie? Est-ce que nous leur donnons faim de lire la Parole de Dieu et d'entendre ce qu'il a à dire à chacun de nous personnellement? Comme nous vivons nos leçons de la Parole de Dieu, fraîche du temps dans Ses enfants de la Parole pour reconnaître notre authenticité. C'est à travers de cette authenticité que les enfants tombent amoureux de la Parole de Dieu. Ce n'est pas à propos de nos capacités ou nos connaissances ou nos activités créatives; il s'agit de permettre aux enfants de voir que la Parole de Dieu nous aide à aimer et à mieux guider comme parent.

La même chose est vraie pour les ouvriers du ministère. Pensez «efficace» «Vivant», «pointu», «pénétrant». Est-ce ainsi que vous connaissez la Parole de Dieu? Si c'est le cas, vous transmettrez votre amour pour la Parole de Dieu aux enfants avec qui vous enseignez et travaillez.

POUR LES PARENTS

1. Quel travail vivant et actif se passe-t-il dans votre vie à cause de la Parole de Dieu? L'avez-vous partagé avec vos enfants?

2. Quelles idées vous aideront à encourager vos enfants à apprendre à lire la Bible pour eux-mêmes?

3. Quelles ressources pourriez-vous ajouter à votre bibliothèque familiale pour aider les enfants à lire et étudier la Bible pour eux-mêmes?

4. Comment votre famille peut-elle apprendre à étudier et mémoriser la Bible ensemble?

POUR LES OUVRIERS DU MINISTÈRE

1. Comment communiquez-vous votre amour pour la Parole de Dieu quand vous travaillez avec les enfants dans votre mission de ministère?

2. Avez-vous une approche graduée de l'enseignement de la lecture de la Bible et étudier les défis? Si non, comment pourriez-vous en développer un?

3. Comment pouvez-vous initier un partenariat sain entre les parents et l'église car il implique la lecture et l'étude de la Bible?

4. Comment vous adaptez-vous aux différents styles d'apprentissage lorsque vous essayez d'augmenter les compétences d'étude biblique?

LA PRIÈRE D'UN FAISEUR DE DISCIPLE.

Parole Vivante, dis-moi ta Parole à fin que je ne sois pas en danger de partager des mots vides avec les enfants qui vivent sous mon influence. Au nom de Jésus, je prie. Amen.

LEÇON 7

DÉCOUVRIR LA JOIE DE DONNER TOUT A DIEU

Que chacun de vous mette au service
des autres le don qu'il a reçu.
-1 PIERRE 4:10.

Quinze adultes se sont présentés pour la journée de travail
à l'église-quinze adultes et un enfant de quatre ans. Ce n'était
pas une dernière minute de changement de plans parce que
le babysitting n'a pas fonctionné. C'était intentionnel. Caleb,
quatre ans, est venu au travail avec son père. Que peut faire un
enfant de quatre ans? Il peut pelleter l'écorce d'une brouette
pour les autres à se propager. Avec son enfant pellant, il a tra-
vaillé sans relâche. Encouragement du Papa et d'autres ont aidé,
mais Caleb avait son propre sens de mission. C'était son église,
et il aidait à prendre en prendre soin.

Aucun enfant n'est trop jeune pour apprendre la joie d'aider
Dieu à prendre soin de son monde et de son église. C'est le lieu
de départ pour développer les leaders du ministère. Il façonne
une perspective centrée sur les autres. Vous n'êtes pas obligé

d'utiliser le mot "intendance" pour être impliqué en enseignant la responsabilité, la joie et le privilège de se joindre au plan de Dieu pour prendre soin de tout ce qu'il a créé. L'intendance est la base à partir de laquelle un disciple découvre et utilise chaque capacité, intérêt et don spirituel.

L'INTENDANCE EST …

La façon la plus simple de définir l'intendance pour les enfants est la suivante: c'est ainsi que nous prenons soin de tout ce que Dieu nous a donné. Il s'agit de prendre soin du monde, notre famille, chaque possession, même notre emplois. Nous ne possédons rien qui n'appartienne pas à Dieu en premier. Chaque possession et l'opportunité viennent de quelque chose qu'il a fait et met à notre disposition. Il partage des ressources et des capacités et la vie elle-même avec nous dans le cadre de Son plan pour prendre soin de chaque personne et chose.

L'intendance est un moyen important de protéger les enfants de sentiments de droit et d'égocentrisme. Il enseigne que nous ne possédons rien. Dieu nous prête ses ressources. Depuis tout appartient à Dieu pour commencer, Il a le premier mot à propos de comment nous utilisons ses ressources.

L'intendance consiste à comprendre Dieu comme un Dieu généreux. Nous comprenons que devenir un disciple de Jésus est un enrôlement automatique dans l'armée que Dieu emploie pour prendre soin de Son monde. Les enfants aiment appartenir à quelque chose de grand. C'est facile à utiliser pour leur enseigner comment participer à la famille de Dieu en tant que quelqu'un qu'Il a confiance pour prendre soin de Son monde. Dieu recrute avidement leur aide.

Il est facile pour les enfants de grandir en pensant que tout vient de leurs parents et d'autres membres de la famille. C'est pourquoi les parents sont les meilleurs pour corriger cette idée fausse. Ils doivent démontrer leur conviction que tout ce qu'ils ont et apprécient viennent de Dieu d'abord. C'est leur modèle d'intendance que les enfants se reproduisent. C'est effrayant, parce que la plupart de nous, voulons que les enfants reproduisent le modèle biblique. Quand les parents vivent le modèle biblique, ils augmentent la possibilité que leurs enfants le vivent aussi bien.

Pratiquer l'intendance ne concerne pas seulement ce que nous faisons pour Dieu; l'intendance apporte des caractéristiques productrices de croissance de vie d'un disciple. Les sous-produits de l'intendance sont la responsabilité, gratitude, travail d'équipe et générosité. Quel parent qui ne veut pas que leurs enfants grandissent avec ces caractéristiques? Cependant, enseigner les composants individuels ne sont pas les mêmes qu'intendance de l'enseignement. Enseigner les caractéristiques de l'intendance est centré sur la personne, tandis que l'enseignement de l'intendance est centré sur Dieu. Pour assurer une approche de l'intendance centrée sur Dieu, utilisez les principes clés suivants:

1. Tout ce que j'ai, est appartient à Dieu d'abord.

C'est le message fondamental de l'intendance. Nous enseignons cette leçon que nous pratiquons une énumération de remerciements avec les enfants et les jeunes enfants. Nous enseignons cela à chaque cadeau surpris et opportunité qui viennent dans nos familles. Nous reconnaissons que Dieu est la source ultime de tout bien et cadeau parfait. (Voir Jacques 1:17.)

2. Dieu est généreux avec ses ressources.

Reconnaître la générosité de Dieu et la personnaliser, est le premier pas pour reproduire sa générosité. Nous devons garder contre prendre la générosité de Dieu pour acquis. Il donne ce qu'Il a, et Il le donne librement. Quand les enfants comprennent ceci, ils veulent rendre à Dieu. Cela fait de l'intendance une joie plutôt qu'un devoir.

3. Dieu nous demande de prendre soin de tout ce qu'il a fait.

Les enfants aiment les gros labeurs. Connectez-vous en prenant soin des animaux. Connectez la réintégration à l'attention pour le monde de Dieu. Aidez les enfants à comprendre que chaque corvée, chaque projet de service, chaque leçon d'école prépare à prendre soin du monde de Dieu et de ses habitants.

4. Dieu demande que nous Lui donnions d'abord.

«D'abord» est un concept important pour les enfants – en premier lieu, premier morceau de dessert, premier tour. Être premier est important dans un monde infantile. Enseignez aux enfants que Dieu mérite d'abord une partie de tout leur rappelle que Dieu a donné la première. En Lui donnant les premières pensées du jour, le premier dixième d'argent, la première utilisation de toute capacité spéciale garde Dieu à la première place.

TOUT, CE N'EST PAS UNE PARTIE

À certains égards, enseigner l'intendance rend plus facile chaque partie de la vie de disciple. Un disciple appartient pleinement à Dieu. Il n'y a pas de pensée, pas d'activité, pas de temps de la journée, pas d'amitié qui ne vient sous la seigneurie du Christ. Voilà ce qu'est un intendant signifie — être sous des ordres supérieurs.

Il est important d'aider les enfants à comprendre que Dieu nous veut tous, parce qu'Il se donne tout à nous. Nous obtenons le plus grand cadeau, parce qu'il y a toujours plus de Dieu que de nous. C'est l'aventure que nous pouvons aider nos enfants à voir. D'ailleurs, le plus nous donnons à Dieu, plus il nous fait confiance. Nous devenons des canaux pour transférer plus de ressources de Dieu dans le monde. Il nous donne pour que nous puissions donner aux autres.

Parfois, nous enseignons l'intendance à l'envers. Nous enseignons ce que les enfants sont censés faire-donner quelque chose si c'est de l'argent, du temps, de l'énergie ou une possession. Mais le vrai message de l'intendance n'est pas ce que nous donnons - c'est ce que nous avons déjà reçu. Dieu donne à chacun de nous exactement ce dont nous avons besoin pour Lui servir. La réalité est que Dieu nous donne toujours assez pour partager. Personne n'est jamais trop pauvre pour partager quelque chose.

ENSEIGNER LA DIXIÈME

Mon père m'a appris à propos de la dîme avant que je puisse faire le calcul. Ma sœur et moi avons bourré des enveloppes pour notre pasteur-père et avons reçu un dollar pour avoir terminé le travail. Quand papa nous a payé, il nous a donné une enveloppe de dîme et nous a aidé avec les maths. Il nous a toujours payé en pièces de monnaie afin que nous puissions enlever un dixième pour mettre dans notre enveloppe de dîme. Le dimanche, quand la plaque d'offrande est venue vers moi, j'ai fièrement placé mon enveloppe. Il ne s'agissait pas du montant — il s'agissait de faire ma propre contribution. Grâce à la générosité de Dieu, j'avais cents quatre-vingt-dix à ajouter à l'argent d'anniversaire et l'allocation que j'économisais.

Il n'y a pas de meilleure façon d'enseigner la fidélité de Dieu qu'avec la dîme. Quand les jeunes disciples comprennent que l'argent est juste une autre ressource que Dieu donne, ils peuvent être surpris de voir jusqu'où va l'argent de Dieu. La dîme biblique donne à Dieu un dixième de ce que vous gagnez. C'est un acte d'obéissance simple.

Habituellement, le premier argent que les enfants gagnent est une allocation. Il est indispensable de connecter l'allocation à la dîme. Cela garde la dîme comme une leçon prioritaire dans la gestion de l'argent. Entamez une allocation pour donner aux enfants l'occasion de donner à Dieu de leur propre argent. Ensuite, cherchez des façons de garder la dîme au centre de votre famille en donnant:

- Donner une allocation de façon à ce que les enfants puissent séparer leur dîme facilement.

- Assurez-vous que chaque enfant a des enveloppes de dîme. Si ton église ne les fournit pas, envisagez d'en commander de préparer le vôtre.

- Encouragez les enfants à préparer leur dîme dès qu'ils gagnent de l'argent à partir de l'allocation ou de petits travaux.

- Assurez-vous que les enfants vous voient placer votre dîme dans l'offrande.

- Parlez de comment et quand vous avez commencé la dîme.

- Partagez comment Dieu a béni votre obéissance.

- Parlez de la dîme comme étant le plan de Dieu pour prendre soin de son Église.

- Utilisez des histoires bibliques qui enseignent le plan de Dieu pour donner.

- Achetez le «Alors… Voulez-vous donner à Dieu? brochure, et téléchargez le guide du leader gratuit.

Alors que les parents ont la responsabilité principale d'enseigner la dîme, les ouvriers du ministère peuvent jouer un rôle dans l'augmentation de désir de pratiquer en donnant à la manière de Dieu. Mettez l'accent sur les principes de Dieu dans les histoires bibliques sur le don. Pratiquez les mathématiques de la dîme avec l'utilisation de l'argent de jeu. Gardez les enveloppes de dîme disponibles dans votre classe, et aidez les enfants à préparer leur dîme. Donnez des opportunités aux enfants de partager avec les autres comment Dieu les surprend avec sa générosité.

Soyez sensible à la possibilité que Dieu veuille d'enseigner aux enfants la valeur de la générosité au début. Ne jamais faites obstacle au désir de l'enfant de pratiquer la générosité inspirée par Dieu. Dieu bénit leur obéissance. Il fait confiance aux disciples obéissants avec plus de ressources. Aidez les enfants à trouver les moyens des bénédictions de Dieu. Assurez-vous que les enfants comprennent que nous donnons parce que Dieu donne, ce n'est pas parce que c'est une règle. C'est son exemple que nous suivons.

La dîme est le minimum que nous donnons à Dieu. Il plaît à Dieu quand nous donnons des autres offres. Encouragez les enfants à faire des contributions aux offrandes missionnaires, aux promesses de constitution de fonds et des autres offres spéciales. La participation est la clé. Aidez les enfants à comprendre que nous pouvons toujours donner plus ensemble. Les ouvriers du ministère peuvent aider les enfants à comprendre comment leur don fait la différence en traduisant les montants en choses tangibles. Combien de clous pour le projet de la construction seront un certain montant d'achat? Combien de repas pour un missionnaire achèteront un certain montant? Ou encore mieux, ciblez un objet spécifique et augmentez le montant ensemble.

RÉSULTATS STABLES

La plupart des adultes vous diront que lorsqu'ils pratiquaient la dîme comme un enfant, ils ont continué la pratique en tant qu'adultes. D'ailleurs, c'est juste une bonne gestion de l'argent. Dieu ne dirigera jamais une personne de dépenser plus d'argent qu'Il donne. Celui qui est émouvant à propos de donner à Dieu est rarement victime de la mentalité de consommateur de notre culture productrice de dette.

PAS SEULEMENT DE L'ARGENT

L'intendance ne consiste pas seulement à donner de l'argent à Dieu. Puisque les enfants ne sont pas de gros producteurs d'argent, c'est une bonne nouvelle. Utilisez la famille et le temps de classe pour parler des nombreuses façons différentes de partager ce que vous avez avec Dieu et Son peuple. Ce pourrait être le don du temps, des sourires, des mots encourageants, de l'aide, des capacités, de l'énergie – tout ce que l'enfant sait faire. Dieu n'est pas un éclaireur de talents à la recherche des meilleurs et des plus brillants. Il cherche les fidèles. Tout ce que vous devez faire est de partager ce que vous pouvez. Il n'exige jamais ce que vous n'avez pas.

Une famille qui aime trouver des façons de donner aux autres est généralement plus généreuse et pardonne les uns aux autres. La générosité développe un cœur pour la compassion. Chaque famille est une famille plus forte quand elle prend le temps de faire quelque chose pour les autres. Au chapitre 8, je partagerai des idées plus spécifiques sur le service aux autres.

PARTAGER DES APTITUDES SPÉCIALES

Chaque enfant à une capacité spéciale. Cela pourrait être un trait de personnalité comme l'endurance, la sensibilité, la patience, la flexibilité, la bonne humeur, ou un nombre quelconque d'autres. Cela peut être des capacités particulières en art, musique, athlétisme ou domaines académiques. Dieu est très efficace. Il ne donne jamais une capacité ou un trait spécial à quiconque d'être gaspillé ou caché. D'un autre côté, il ne leur donne pas à faire plus spécial qu'Il les a déjà créés. Assurez-vous que les enfants comprennent qu'il ne s'agit pas de faire quelque chose de mieux que quiconque. Tout le monde a quelque chose importante de contribuer. Aider les enfants à trouver une place pour contribuer au sein de la famille et de la communauté de foi est essentiel. Voici quelques conseils pour aider les enfants à voir leurs capacités à travers les yeux de Dieu:

- Dieu est la source de toutes les capacités. (Voir Deutéronome 8:18.)

- Dieu donne à chaque personne une capacité spéciale. (Voir 1 Pierre 4:10.)

- Un don ou une capacité spéciale ne vous rend pas plus important que quiconque. (Voir Romains 12: 3.)

- Dieu a un but pour chaque capacité. (Voir 1 Pierre 4:10.)

- Personne ne devrait utiliser les capacités de manière à séparer les gens. (Voir Éphésiens 4: 3.)

- L'usage principal de toute capacité est de servir Dieu et les autres. (Voir Actes 11:29.)

- Puisque les capacités viennent de Dieu, nous devons suivre Ses instructions sur la façon de les utiliser. (Voir Romains 14:12.)

- Parce que les capacités sont des outils, il est de notre responsabilité de les développer, aiguiser et préparer. (Voir Luc 12:38.)

Il est facile de comprendre comment utiliser la capacité musicale pour Dieu. Mais qu'en est-il de la capacité athlétique ou de la capacité mathématique? Les enfants ont besoin d'aider les adultes chrétiens à élargir leur vision de la façon dont chaque capacité est utile à Dieu. Utilisez des enfants athlétiques pour soutenir l'importance du travail d'équipe dans les projets. Utilisez-les pour aider les enfants plus jeunes à apprendre des connaissances athlétiques. Utilisez un as de mathématiques pour collecter de l'argent ou garder des statistiques de présence. Découvrez ce que les enfants font correcte, et les aider à apprendre comment servir les autres en utilisant leurs capacités.

Depuis que les enfants grandissent et se développent, leurs capacités peuvent ne pas toujours être évidentes. Je n'ai pas identifié ma capacité à écrire jusqu'à ce que je fusse à l'université. Certaines capacités prennent plus de temps, d'expérience, et l'éducation à la surface. C'est pourquoi les familles et les ouvriers du ministère doivent fournir beaucoup d'opportunités d'explorer des compétences différentes. L'enfance est pour explorer de nombreuses capacités différentes pour trouver des liens d'intérêt et de valeurs.

PARTICULIÈREMENT POUR LES OUVRIERS DU MINISTÈRE

Les responsables du ministère qui planifient des opportunités pour les enfants peuvent conserver les choses suivantes à l'esprit:

1. Enseignez l'adoration — pas la performance.

Même pour ceux qui ont un drame spécial, de la musique et des instruments de compétences, enseignez-les quelque chose qu'ils n'apprendront nulle d'autre part. Enseignez-leur que le

Façons de découvrir et d'encourager le Développement de la compétence

- Avoir des "jours de louange" et encourager les enfants à utiliser leurs capacités de louer Dieu.

- Organisez des camps d'athlétisme ou d'art.

- Créez de larges catégories et des processus non concurrentielles dans les festivals de découverte de talents.

- Interviewez des chrétiens qui ont des compétences différentes.

- Associez un enfant avec un adulte qui a une compétence qui intéresse un enfant.

- Pour chaque événement pour les enfants, dressez la liste des façons dont les enfants peuvent utiliser leurs capacités pour aider.

- Assurez-vous d'affirmer les traits de personnalité aussi souvent que vous affirmez des capacités.

- Explorez les opportunités dans les coulisses telles que bourrer les dossiers d'adoration, préparer éléments de la Communion, et ainsi de suite.

partage de la capacité est beaucoup plus amusant quand vous l'utilisez pour aider les autres à aimer et à louer Dieu.

2. Enseignez à faire de votre mieux, n'étant pas le meilleur.

Notre culture met beaucoup d'emphase sur être le meilleur. Le message libre pour les enfants, c'est que Dieu ne nous choisit pas en basant sur la meilleure chose à propos de nous — Il

ELEVAGE DES ENFANTS POUR UNE FOI EXTRAORDINAIRE

nous choisit parce qu'il nous aime. Parfois, le succès ne signifie pas remporter le trophée. Parfois, le succès signifie montrer et suivre et faire la contribution que vous pouvez. Pensez à ce qui arriverait si les enfants choisissaient des activités basées sur ce que Dieu voulait qu'ils apprennent de cela. Peut-être que les enfants attaqueraient le monde avec plus de confiance s'ils étaient encouragés à le faire selon la voie de Dieu.

3. Ne pas encourager la concurrence.

Cela peut signifier des opportunités de rotation dans des rôles "principaux". Il pourrait signifier l'appeler quelque chose d'autre que l'audition. Cela pourrait signifie mettre l'affirmation en vigueur pour tout le monde. Cela pourrait signifier faire engagement engagé, pas la perfection, l'objectif.

4. Modèle de servitude.

Les serviteurs ne choisissent généralement pas leurs devoirs. Modèle positif des attitudes lorsque votre mission de service ne concerne pas l'utilisation des choses que tu fais le mieux. Servir, c'est aider là où il y a un besoin.

DONS SPIRITUELS

Je me suis tenu devant un groupe de quatrième à sixième année pour présenter une leçon que j'ai présentée plusieurs fois. C'était à propos de dons de Dieu.

Dieu veut vous donner un cadeau spécial. C'est quelque chose que seulement Dieu peut vous donner. Il ne le donnera à personne d'autre de la même manière qu'Il vous le donne. Il y a un piège: il faut être membre de sa famille. Et vous devez suivre les instructions qui viennent avec le cadeau. Qu'est-ce que vous pensez? Voulez-vous un cadeau?

Leurs réponses étaient prévisibles. Tout le monde voulait un cadeau. Je continuais à expliquer.

Ce cadeau ne sera pas livré dans un paquet à déballer. C'est quelque chose que Dieu donne à l'intérieur. C'est un cadeau qui vous aidera à faire quelque chose spéciale pour Dieu de la manière que vous seul pouvez le faire. Le cadeau ne vous rend pas meilleur que quiconque, et il ne rend pas à quelqu'un d'autre mieux que vous. Dieu l'a choisi juste pour vous. C'est ce qui en fait un cadeau spécial.

Pendant que, je partage mon verset préféré sur les dons spirituels. «Dieu a donné à chacun de vous des capacités spéciales; assurez-vous de les utiliser pour s'entraider, de transmettre aux autres les nombreux types de bénédictions spéciales de Dieu» (1 Pierre 4:10, TBV). Les cadeaux spirituels sont des cadeaux que Dieu donne à quelqu'un quand il ou elle devient un membre de Sa famille. Il leur donne pour que chaque personne ait un Dieu conçu placé dans la famille de Dieu. Ils aident le peuple de Dieu à accomplir Son commandement de se présenter comme des sacrifices vivants comme un moyen de remercier et adorer Dieu. (Voir Romains 12: 1.) Ils sont Ses cadeaux. Il les a conçus. Il nous dit comment les utiliser. Ils complètent la personnalité et toute propension naturelle ou génétique vers les activités et les implications.

Les enfants ne sont pas exemptés de recevoir des dons spirituels parce qu'ils sont jeunes ou immatures. Cependant, puisqu'ils sont encore en développement de toutes les façons, cela peut être plus facile d'identifié les capacités naturelles avant les dons spirituels. C'est pourquoi, construire sur une compréhension de l'intendance est si important. Quand les enfants sont déjà utilisés tout ce qu'ils ont pour Dieu, ils sont probablement déjà utilisés un don spirituel, même s'ils ne savent pas ce que c'est. Aidez les enfants à apprendre à tout faire pour la gloire de

Dieu est la leçon essentielle d'entrainement disciple ici. (Voir 1 Corinthiens 10:31.)

CADEAU SPÉCIAL CONTRE CAPACITÉ NATURELLE

Il est facile pour les enfants de penser aux dons spirituels de leur expériences avec des capacités naturelles. Les capacités naturelles sont des choses que les gens réalisent avec la perfection. Ceux-ci comprennent des activités comme le chant, l'athlétisme, art, et jouer des instruments. Ceux-ci viennent de Dieu, aussi, parce qu'Il nous a créés. Ce n'est pas que l'on est plus spirituel que l'autre. Un don spirituel aide une personne à utiliser ses capacités naturelles d'une manière qui plaît à Dieu. Ce n'est pas aussi important de distinguer le chevauchement entre la capacité naturelle et le don spirituel pour les enfants. Il est plus important de leur enseigner que le but de Dieu est de servir sa famille.

Les capacités naturelles de certains enfants apparaissent plus rapidement que d'autres, et cela peut créer des sentiments de concurrence ou de sentiment de gauche en dehors. Aider les enfants à comprendre que Dieu donne à chacun un don spirituel est une vérité encourageante qui peut les aider avec ces sentiments. Quand quelqu'un devient un disciple de Jésus, Dieu fait un investissement spirituel dans cette personne. Il donne à cette personne le désir, la sensibilité et l'énergie de le rejoindre dans l'accomplissement de Sa mission sur terre. La beauté du plan de Dieu est qu'il fonctionne parfaitement avec toute capacité naturelle d'un enfant.

L'idée est de découvrir des dons spirituels. L'enfance est l'occasion merveilleuse d'essayer des différents rôles et responsabilités au sein de la communauté de foi pour trouver la bonne participation du ministère. Bien que ce ne soit pas une bonne idée de classer un enfant en lui disant quel don spirituel il ou elle a, il est utile de fournir des informations sur les dons spirituels et offrir une variété d'opportunités pour explorer les dons spirituels.

LES DONS

C'est amusant de former des jeunes disciples dans ce domaine. Ce n'est pas sur la connaissance de la tête. Il s'agit de servir les autres et de trouver un bon ajustement. Ce genre d'exploration est amusant et non menaçant aux enfants, et il est rempli de variété que les enfants aiment.

Il n'y a pas une seule liste de dons spirituels. 1 Corinthiens 12: 7-11, 27-31 en énumère neuf, et Romains 12: 3-8 en énumère sept, selon la traduction et les définitions. Cinq apparaissent à Ephésiens 4:11. Voici un moyen d'identifier les dons spirituels et d'aider les enfants à les comprendre:

Sagesse (voir 1 Corinthiens 12: 8): en utilisant l'information et des idées pour partager la volonté de Dieu.

Connaissance (voir 1 Corinthiens 12: 8): comprendre, retenir, catégoriser ou analyser des informations de manière à plaire à Dieu.

Foi (voir 1 Corinthiens 12: 9): faire confiance à Dieu et aider les autres à lui faire confiance.

Guérison (voir 1 Corinthiens 12: 9, 28): accomplir ce que Dieu dit fera une différence pour quelqu'un qui est malade, blessé, ou dans la douleur physique ou émotionnelle.

Miracles (voir 1 Corinthiens 12:10): effectuer des signes et se demande par le pouvoir de Dieu pour aider les gens à croire que Dieu est ce qu'Il dit qu'Il est.

Prédication (voir 1 Corinthiens 12:10, 28, Romains 12: 6, Éphésiens 4:11): partager la Parole de Dieu avec audace.

Discernement (voir 1 Corinthiens 12:10): comprendre l'information et les choix du point de vue de Dieu.

Communication ou langage (voir 1 Corinthiens 12:10): parler ou écrire sur Dieu de manière à ce que les gens comprennent facilement dans leur propre langue.

Enseigner (voir 1 Corinthiens 12:28, Romains 12: 7, Éphésiens 4:11): aider les autres à comprendre comment étudier et appliquer la Parole de Dieu.

Aider (voir 1 Corinthiens 12:28 et Romains 12: 7): servir des autres afin qu'ils mieux comprennent l'amour de Dieu.

Administration (voir 1 Corinthiens 12:28): organiser les gens pour les aider à accomplir quelque chose pour Dieu.

Miséricorde (voir Romains 12: 8): agir avec compassion et encouragement quand quelqu'un est dans le besoin.

La générosité (voir Romains 12: 8): partager joyeusement et avec empressement ce que tu as avec les autres.

Leadership (voir Romains 12: 8): savoir ce qui doit être fait pour accomplir un projet et inspirer et instruire des autres pour faire le travail.

Evangélisation (voir Éphésiens 4:11): savoir quand et comment partager le plan du salut de Dieu afin que d'autres puissent devenir une partie de la famille de Dieu.

EXPRÈS

Le but de Dieu pour les dons spirituels est toujours de servir les autres dans son église. Il n'y a pas d'autre raison que Dieu leur donne. Comme vous exposez les enfants aux dons de Dieu, connectez-les toujours au but de Dieu. Voici une bonne liste pour commencer:

- **Les dons spirituels nous gardent humbles.** (Voir Romains 12: 3). Il n'y a pas de place pour la compétition, la fierté ou la jalousie avec les dons spirituels de Dieu. Ils ne nous concernent pas et ce que nous pouvons faire — est à propos de ce que Dieu nous permet de faire.

- **Les dons spirituels doivent aider la famille de Dieu, l'Église.** (Voir 1 Corinthiens 12: 7). Quand tout le monde utilise son don spirituel selon le dessein de Dieu, tout ce que Dieu veut que cela soit réalisé.

- **Les dons spirituels accomplissent l'unité.** (Voir Ephésiens 4: 11-13). Ceci est d'avoir le même but, ne pas avoir les mêmes idées.

- **Les dons spirituels font de nous des serviteurs.** (Voir Ephésiens 4: 11-12). Chaque don spirituel nous aide à partager quelque chose avec quelqu'un d'autre.

- **Les dons spirituels apportent la maturité spirituelle et la ressemblance à Christ.** (Voir Ephésiens 4:13). Plus nous utilisons des cadeaux spirituels selon le dessein de Dieu, plus nous pensons comme le Christ pense, agir comme le Christ agit et aimer comme le Christ aime.

DÉCOUVRIR ET PARTAGER DES DONS SPIRITUELS.

Rappelez-vous: le but est la découverte. Faites de la découverte une aventure passionnante. Plutôt que d'étudier les différents dons, encouragez les enfants à les pratiquer au sein de leur famille et l'église. Les enfants peuvent être intéressés par beaucoup de choses qui ne sont pas particulièrement correctes. Il est plus important que les enfants comprennent leur place dans la famille de Dieu que de pouvoir nommer leurs dons spirituels. Cela aide les parents et les ouvriers du ministère à faire plus que simplement impliquer les enfants ou de les faire face. Cela aide à les connecter avec le but du don spirituel de Dieu.

Cela nécessite que nous posions des questions importantes à chaque fois que nous donnons aux enfants une opportunité de ministère:

- Avez-vous encouragé ou aidé quelqu'un?
- Avez-vous aidé quelqu'un à mieux comprendre l'amour de Dieu?
- Avez-vous réuni des gens?
- Avez-vous ressenti l'amour de Dieu?

UN LIEU DE SERVIR

Donnez aux enfants autant d'occasions de servir que possible. Associez-les avec un adulte dans le ministère. Ne demandez pas simplement aux enfants de faire un travail—donnez-les une mission spirituelle. Préparez l'adulte qui travaille avec l'enfant d'utiliser la conversation et l'affirmation pour aider l'enfant a savoir ce que cela signifie de faire quelque chose pour Jésus. Ce n'est pas important d'assurer que chaque enfant sert selon un don spirituel. Laissez les enfants à apprendre l'importance de l'utilisation de leurs intérêts, capacités naturelles, et acquis des compétences pour servir Dieu et son peuple.

- **Laissez les familles servir ensemble.** Après l'opportunité du ministère, prenez le temps de parler de ce que chaque personne fait de mieux, appréciez le meilleur.

- **Introduisez les enfants à servir des opportunités en dehors de l'église.** Ils peuvent servir dans les maisons de soins infirmiers et des enfants qui sont dans des hôpitaux ainsi que d'aider avec les projets de nettoyage de la communauté ou tout autre projet de service communautaire.

- **Organisez des partenariats entre adultes et enfants.** Les enfants peuvent être membres d'accueil, coureurs, serveurs, pré-session des bénévoles de l'école du dimanche, ou des aides de nursery.

- **Donnez aux enfants des projets d'organisation simples.** Demandez-leur d'organiser un processus de contact par téléphone ou par e-mail.

Après que les enfants ont pris part à différentes activités et implications du ministère, demandez: Qu'avez-vous appris sur vous-même? Qu'avez-vous appris sur l'activité? Comment pensez-vous que Dieu veut utiliser cette implication pour aider les autres? Feriez-vous ceci encore une fois? Pourquoi ou pourquoi pas?

J'ai vu des enfants qui commencent à développer leurs dons spirituels en dessinant des images pour le bulletin, chanter à l'église, faire des cartes pour les familles.

Stéphanie, pastoresse des enfants

Enseigner les dons spirituels comme un voyage, ce n'est pas une destination. Le but n'est pas de dévoiler aux enfants quels sont leurs dons spirituels. L'objectif est d'aider les enfants à apprendre tout ce qui les aide à trouver leurs places dans le monde de Dieu. Quand cela est l'objectif de votre formation de disciple, personne, mais Dieu est en charge des leçons.

LA CONDUITE DE LA GRATITUDE

Connectez chaque acte de gentillesse, d'aide, d'encouragement et travail acharné à l'activité de reconnaissante d'un intendant. Les enfants ont besoin des occasions de faire l'expérience qu'il est vraiment plus béni de donner que de recevoir. Vous développez leurs yeux sensibles et cœurs compatissants. Permettez qu'ils partagent leur temps et leur énergie en quelque chose d'amusement. Divisez toujours les responsabilités lors d'un événement pour enfants afin que les enfants participent au service de "redonner". Enfant fournisseur met en œuvre pour que les jeunes enfants travaillent aux côtés des adultes lors d'une journée de travail de l'église. Jouez de la musique pendant que vous travaillez ensemble. Chantez des chansons idiotes. Faites que travailler ensemble soit quelque chose d'amusant, et vous saurez pourquoi Dieu aime un donneur joyeux!

Diriger les enfants à redonner à Dieu est essentiel tout au long de la vie. Nous ne pouvons jamais abandonner Dieu. Son

Merci Dieu!

- Aidez les enfants à écrire des notes de remerciement aux personnes qui travaillent au profit de l'église, en particulier dans le ministère des enfants.

- Trouvez un projet «Redonner» à l'église que votre famille ou la classe peut être responsable.

- Achetez et lisez le livre 77 façons pour que votre famille puisse faire une différence.

- Aidez les enfants à faire de chaque performance une activité de donner ce que vous avez et qui appartient à Dieu.

DÉCOUVRIR LA JOIE DE DONNER TOUT A DIEU

amour et sa générosité partagent avec nous tout ce dont nous avons besoin pour faire sa volonté. Qui a vraiment besoin de plus que cela? Redonner devient un privilège et une joie. Le devoir ne développera jamais ce que Dieu veut faire grandir dans ses disciples. Seul l'amour le fera. Aider les enfants à découvrir la générosité de Dieu et les encourager à chercher des moyens de partager ses ressources avec les autres sont des moyens inestimables pour façonner la prochaine génération.

Avancez rapide à travers les années pour voir ce que votre famille ou la classe pourrait ressembler dans 10 ou 15 ans. Est-ce que les enfants que vous influencez ont appris assez sur l'intendance aujourd'hui qu'ils vont le vivre dans le futur? Auront-ils recueilli suffisamment de leçons à propos de l'extravagance des dons parfaits de Dieu pour continuer à regarder les façons dont Dieu répond à leurs besoins? Seront-ils donneurs ou preneurs? Seront-ils thésauriseurs ou exportateurs? Pensez aux employés qui travaillent à leurs emplois avec la mentalité d'un intendant. Pensez à la nouvelle couche des dirigeants qui partageront leurs ressources données par Dieu pour rejoindre la mission de Dieu dans leur monde. Enseignez-leur que les dons d'utiliser tous sont, ont et font pour Dieu. Soulevez-les pour donner plus de ce que nous avons fait. Le monde dans lequel ils vivront en aura besoin.

POUR LES PARENTS

1. Faites un sondage d'intérêt dans votre famille en demandant à chaque membre de remplir les espaces vides:

   Quelque chose que je fais bien est ___ .

   Quelque chose que j'aimerais apprendre est___.

Utilisez les réponses pour fournir des opportunités aux enfants de pratiquer leurs capacités et en explorer de nouvelles.

2. Qu'est-ce que mes enfants apprendront sur l'intendance en regardant ma vie?

3. Laquelle des idées pour garder la dîme centrale est-ce que je pratique déjà? Lequel pourrais-je incorporer?

4. Comment ai-je ou vais-je encourager mes enfants à utiliser leurs capacités pour Dieu d'abord?

POUR LES OUVRIERS DU MINISTÈRE

1. Comment puis-je offrir aux enfants l'occasion d'explorer de nouvelles façons d'utiliser leurs intérêts ou leurs capacités à travers le théâtre, la musique, art, écriture, cuisine, sport, etc.?

2. Comment puis-je répartir les responsabilités pour donner aux enfants plus de chance de servir?

3. Comment puis-je réduire l'esprit de compétition dans ma région ministérielle?

4. Dans quels domaines les agents des ministères et les directeurs du personnel doivent-ils faire un plan pour fournir plus d'opportunités pour que les enfants à servent?

LA PRIÈRE D'UN FAISEUR DE DISCIPLE

Dieu fidèle, aide-moi à élever les enfants à une foi extraordinaire en utilisant tes ressources. — Un adepte déterminé!

AIDER LES ENFANTS A PRENDRE LEUR PLACE DANS LA COMMUNAUTÉ DE FOI

Mais toi, sois sobre en toutes choses,
supporte les souffrances, fais l'œuvre d'un
évangéliste, remplis bien ton ministère.
-2 TIMOTHÉE 4:5

Il est important que les jeunes disciples comprennent qu'être disciple n'est jamais une expérience solitaire. L'essence même de l'histoire du salut rassemble les gens, donne à chaque nouveau croyant une famille prête à l'emploi, et offre une incroyable interconnexion des générations, de l'histoire et de l'expérience. Aucune autre décision dans la vie ne le fait d'une manière merveilleuse et de grande portée. Tout ce que nous faisons quand nous aidons un enfant à suivre Jésus, nous devons élever ses vues pour voir la grande image, le nuage de témoins, la section acclamant. C'est pour l'encouragement et la responsabilité.

Alors, que signifie être membre de la famille de Dieu? Qu'est-ce que cela signifie pour le parent qui veut la croissance spirituelle de développement parallèle physique, mental et émotionnel? Qu'est-ce que cela signifie pour nous tous qui fournissent le filet de sécurité pour un jeune croyant avec des questions et l'obéissance incohérente? Nous avons l'opportunité et le privilège de connecter les enfants à un cercle global de soutien qui leur est disponible partout dans le monde. Quand un enfant prend la décision de suivre Jésus, il ou elle rejoint la famille de Dieu à travers le monde ainsi que l'historique de la famille de Dieu. C'est un grand dossier!

L'église est une communauté de croyants, pas un conducteur spirituel.

Diane, directrice de l'école préscolaire

Cet aspect de la formation de disciple exige la participation de la première personne. Il est important pour les jeunes disciples d'expérimenter ce que signifie être accepté dans la famille, faire des choses en famille, et bénéficier du soutien de la famille durant les périodes difficiles.

Pour que nos enfants puissent expérimenter cela, la famille de l'église doit être très intentionnelle en introduisant ce concept. En tant que parents et les ouvriers du ministère, nous devons nous assurer que nous participons de manière relationnelle avec notre famille de l'église. Nous cherchons des moyens de donner nos enfants une large exposition à la famille locale et globale de Dieu. Nous ne pouvons pas élever des disciples par nous-mêmes. Dieu ne nous attendait jamais.

EXPOSER LES ENFANTS AUX MODÈLES DU RÔLE CHRÉTIEN

Les enfants ont besoin d'entendre comment le missionnaire a entendu un appel pour apporter le message de Dieu dans d'autres parties du monde. Trouvez des chrétiens qui ont réussi dans les défis et les carrières qui intéressent les jeunes croyants. Lisez à haute voix les biographies des chrétiens qui font de Jésus leur passion et font une différence dans le monde à cause de cela. Un enfant trouvera des héros et des modèles quelque part. Nous voulons que leurs modèles soient chrétiens.

Pratiquer la responsabilité

1. Identifiez un but spirituel tel que la mémorisation d'un passage de l'Écriture pour le vivre ou adopter un comportement plus acceptable.

2. Faites des adaptations adaptées à l'âge afin que chaque enfant puisse participer.

3. Parlez des idées qui aideront chaque personne à être réussi.

4. Prévoyez un horaire régulier pour rendre compte.

5. Affirmez tout progrès vers l'objectif.

6. Affirmez l'honnêteté à propos des difficultés.

7. Parlez de la façon dont un plan de reportage le rend plus facile de se concentrer sur l'objectif.

RESPONSABILITÉ PRATIQUE

La responsabilité spirituelle exige que nous déclarions notre progrès, succès, ou difficulté à tenir la promesse de suivre et obéis à Jésus. Pour que cela fonctionne de manière puissante, nous tous qui travaillons avec les enfants devons être responsables de nos attitudes et actions — parents aux enfants, enfants aux parents. Disciple et la croissance spirituelle prospèrent là où il y a responsabilité. La responsabilité se passe mieux en petits groupes. Cherchez des moyens pour établir une responsabilité positive et solidaire au sein de votre famille. Lorsque vous partagez une pensée dévotionnelle qui a une application de vie, dites aux enfants quand vous leur demanderez ce qu'ils ont fait à propos de cela. Les enfants plus âgés peuvent être prêts pour une approche plus organisée à la responsabilité, alors envisagez de rencontrer avec eux chaque semaine pendant 10 à 15 minutes, le temps nécessaire pour faire une petite course. Identifiez les principales questions de responsabilité telles que:

- Qu'avez-vous lu dans la Parole de Dieu cette semaine?

- Qu'avez-vous fait à ce sujet?

- Qu'avez-vous demandé pour cette semaine?

Les ouvriers du ministère peuvent faire le même type d'engagement pour le travail qu'ils font avec les enfants. Découvrez des moyens de renforcer la responsabilité des attentes. Si vous fermez une session avec un défi à propos de vivre une leçon biblique, commencez la prochaine session en demandant un rapport. Puisque le groupe comprendra des enfants qui n'ont pas pourtant commencé leur parcours de disciple, faites attention de ne pas attendre plus de ces enfants s'ils ne sont prêts pour ça. Soulignez l'importance du soutien et d'encouragement. Séparez à tour de rôle en groupes de deux ou trois pour poser des questions de responsabilité et priez les uns pour les autres. Assurez-vous que c'est une expérience non-menaçante. C'est une opportunité de croissance et un moyen d'ajouter l'excitation et la passion de vivre la vérité de Dieu. Pratiquer la responsabilité est un moyen de se protéger contre la déconnexion qui peut se produire lorsque nous présentons des leçons d'école dominicale. Il doit y avoir un lien de vie à traduire en croissance spirituelle. La responsabilité fait de la connexion de vie une priorité.

Mark 6:30 nous rappelle que la responsabilité était une partie importante de la vie des disciples: «Les apôtres réunissent autour de Jésus et lui a rapporté tout ce qu'ils avaient fait et enseigné. Comme nous optons pour la responsabilité, cela devrait être fait avec empressement à la place d'effroi.

GUIDER

Bien que guider ne soit pas une condition de disciple, il peut être une façon structurée d'encourager et de façonner la croissance spirituelle d'un jeune disciple. Cela peut aussi être un moyen important d'aborder l'entrainement de disciple pour les enfants qui n'ont pas de culture chrétienne à la maison. C'est un processus individuel qui nécessite une acceptation volontaire et la responsabilité des deux côtés. Cela commence par une relation d'honnêteté, d'acceptation et d'amour pour savoir comment Jésus veut que nous vivions. Cela peut impliquer une étude biblique simple, ou peut se produire autour d'une conversation planifiée mais informelle sur les relations, problèmes ou peurs. Le mentor doit être prêt à partager les Écritures et les principes bibliques plutôt que de simplement donner du conseil. Il faudra souvent approfondir dans la Bible ensemble pour découvrir ce qu'Elle a à dire sur un certain sujet. Le travail du guide peut aborder une crise à court terme, ou il peut se transformer en une relation qui s'étend de l'enfance à la vie de jeune adulte. Les ouvriers du ministère sont probablement les meilleures personnes pour identifier les besoins et l'intérêt du travail du guide.

FAIRE DES CONNEXIONS INTERGÉNÉRATIONNELLES

Chaque famille a des membres de plusieurs âges avec des tantes et oncles et grands-parents et arrière-grands-parents. Ces connexions façonnent la compréhension d'un enfant du monde plus large, un monde qui a un passé aussi bien qu'un futur. La même chose est vraie dans la famille de Dieu. Certaines églises organisent des «partenaires de prière», «des amis en Christ, «ou» Amis spéciaux «, par exemple, comme un moyen d'établir des partenariats entre enfants et adultes. Ce sont des opportunités riches, dont certaines remplissent un rôle plus important dans la vie des enfants que quiconque ait jamais imaginé. Ces jumelages intergénérationnels ne viennent pas directement des activités et des classes conçues pour les enfants. Il y a des liens que le personnel du ministère forme intentionnellement pour s'assurer que les enfants ont la possibilité de connaître des gens qu'ils pourraient ne pas rencontrer autrement. Les enfants ont besoin plus de soutien que ce que leurs parents peuvent donner à vivre en tant que disciple. C'est une façon de s'assurer qu'ils l'ont.

QUAND LES FAMILLES SE RASSEMBLENT

La famille de Dieu se réunit pour adorer chaque dimanche. Les enfants devraient être amenés à comprendre que le culte n'est pas une question de fréquentation, remplir un siège, ou rester très immobile. Nous donnons nos cœurs et les esprits à Dieu pendant le temps qui est mis de côté pour le culte que nous pensons à Dieu d'une manière qui se transforme en gratitude

«Amis Spéciaux»

- Demandez des volontaires qui apprendront à connaître et à prier pour un enfant spécifique pour une année.

- Créez un profil pour chaque enfant qui comprend anniversaire, intérêts particuliers, sa photo, et autre.

- Planifiez un temps de connaissance préalable, pendant ou après un service religieux régulier.

- Encouragez l'ami spécial adulte à envoyer des messages de soutien à la prière régulièrement.

- Suggérez aux adultes de trouver le temps de partager leur histoires de salut et les moyens que Dieu a fait une différence dans leurs vies.

- Changez les "amis spéciaux" chaque année, sauf s'il y a un demande spéciale.

et en louange. Le vrai culte est son propre aimant. Pourquoi les enfants voudraient-ils aller partout avec nous où ils doivent rester assis et être silencieux? D'un autre côté, pourquoi ne voudraient-ils pas participer dans une expression puissante de l'amour de Dieu? Pourquoi n'auraient-ils pas voulu faire l'expérience de la présence de Dieu comme Il garde le sien, et promet de rencontrer chaque cœur attentif et réceptif?

Faites de la collecte pour le culte le point culminant de votre semaine. Commencez cet enseignement de très tôt. En tant que parents, assurez-vous que les activités que vous permettez à un service aident les enfants à se concentrer sur Dieu, Sa bonté, et ses dons. Pour les très jeunes enfants, cela pourrait signifier un livre d'histoire de la Bible ou livre de coloriage de la Bible.

Les premiers enfants élémentaires peuvent dessiner des images de ce qu'ils entendent et voient. Encouragez tous les enfants à participer au chant. Aidez-les à trouver l'endroit dans la Bible afin qu'ils puissent lire durant long temps. Certaines églises offrent un dossier spécial de culte des enfants. Tenez les mains comme une famille pendant le temps de prière. Aidez les enfants à adorer selon leur compréhension et la durée d'attention. L'expérience d'adoration ne s'arrête pas à l'église. Parlez-en sur le chemin du retour et au prochaine repas. Parlez des leçons clés ou des Écritures pendant la semaine.

Si vos enfants assistent à un service spécial pour enfants, parlez à propos de quelles parties du service les ont aidés à adorer Dieu le mieux. Obtenez la permission du chef du ministère pour accompagner votre enfant au culte des enfants. Alors emmène ton enfant avec vous au service pour adultes. Parlez de différentes façons d'adorer.

LA RECHERCHE DU DIMANCHE

Ministre de la radio et père de quatre David Mains a lancé une activité familiale qui est devenue plus qu'une routine dans la vie de ses enfants: la «recherche du dimanche». Il s'agissait de trois questions: (1) Comment Jésus me parlera-t-il? (2) Comment parlera Jésus à travers moi? (3) Qui vais-je dire? Il a parlé à la famille à propos de la recherche à travers chaque partie d'une expérience de culte pour trouver comment Jésus leur a parlé. Sur le chemin du retour de l'église ou pendant le déjeuner, la famille a eu l'occasion de partager ses réponses. Les parents ont commencé à réaliser que lorsque les enfants savaient qu'ils allaient répondre à ces questions, ils ont commencé à être plus intentionnels à propos de l'utilisation du culte pour écouter Jésus. Cela aussi a obligé les parents à être plus intentionnels à participer pleinement dans le culte.

RENDRE DIMANCHE SPÉCIAL

Alors que la présence à l'église est certainement quelque chose que Dieu a commandé, Il ne veut pas que quelqu'un le fasse par devoir ou par tradition. Au lieu de cela, traitez chaque dimanche comme une réunion de famille mini. Comment préparez-vous pour ce temps en famille hebdomadaire? Comment parlez-vous à propos de cela? Comment préparez-vous le dimanche matin? Karen Burton Mains nous rappelle dans son livre *Making Sunday Spécial*, «Si le dimanche n'est pas un jour si spécial que nous et nos enfants l'attendent avec plaisir, alors nous sommes des parents négligents».

Rendre le dimanche spécial est la responsabilité d'un parent et il ne devrait pas être laissé au pasteur ou au dirigeant du culte ou l'entraineur d'école dominicale. Dieu mérite notre enthousiasme, notre attention, et nos éloges, nous devons donc définir le comportement et l'attention a haut niveau.

Voici quelques idées pour faire du dimanche spécial dans votre famille:

- Allumez une bougie du dimanche pendant le déjeuner, et parlez de la recherche du dimanche.

- Organisez une activité de dévotion familiale spéciale.

- Faites quelque chose de spécial en famille: promenez-vous, visitez quelqu'un qui est dans le besoin, partagez votre temps avec une autre famille chrétienne.

- Protégez les samedis soirs, et évitez les nuits tardives et irrégulières d'heure du coucher.

- Faites un sac du dimanche pour les jeunes enfants avec des articles pour les aider à adorer Dieu à leur manière.

- Commencez l'excitation du dimanche. Plante d'attente.

- Écoutez de la musique chrétienne en vous préparant de quitter le temple.

- Jouez à un jeu-questionnaire biblique sur le chemin de l'église ou chantez des chansons bibliques ensemble.

- Rationalisez les matins du dimanche en prenant soin des vêtements et plans de repas le samedi.

PLUS QUE ASSISTER

La formation de disciple devrait inclure l'implication des enfants dans le ministère des autres. Sinon, les enfants peuvent grandir à l'église avec l'idée que tout le monde est censé faire quelque chose pour eux. Il est impossible d'être un disciple sans prendre la responsabilité au sein de la famille que vous avez rejoint. Jésus a continué à enseigner ses disciples à reconnaitre les besoins, tendent la main aux gens et au travail nécessaire dans le royaume de Dieu. Nous ne pouvons pas faire moins pour nos enfants.

Laissez aux enfants d'écouter sur les personnes qui utilisent leurs dons spirituels pour servir les autres. Trouvez des bénévoles du ministère pour adultes qui permettront les enfants de trouver l'ombre pour un dimanche. Parlez des résultats dans la classe ou avec la famille. En tant que ouvriers du ministère, interviewez des différents responsables du ministère comme une partie régulière des rassemblements. Encore mieux, laissez que les enfants les interrogent.

Préparez les enfants pour une mission du ministère. Rencontrez avec eux pour une formation courte. Rendez-le important. Parlez-leur de ce qu'ils peuvent apprendre à travers leur mission de ministère.

S'ils aident à les saluer, donnez-leur des instructions sur la façon de rendre les gens de se sentir heureux de venir à l'église.

Affirmez-les en leur disant comment ils doivent encourager les gens d'une manière que nous ne pouvons pas. Les enfants peuvent avoir un ministère d'affectations sans fin. La plupart d'entre eux peut ressembler à des relations d'apprentissage, dans lequel vous associez un enfant avec un adulte. Par exemple, permettez qu'un enfant aide un huissier, en apprenant davantage sur les sièges et le passage d'offre assiettes. Donnez aux premiers arrivants des emplois spéciaux pour redresser les Bibles et hymnes dans les dos de banc, aiguisoirs des crayons de banc, et autre. Donnez-leur une responsabilité lors d'un dîner à l'église. Ne pas oubliez des tâches plus créatives. Certains enfants sont assez artistiques pour aider à la fabrication d'affiches et de tableaux d'affichage. D'autres sont des techniciens et réalisez des projets informatiques. Assurez-vous qu'ils comprennent le composant du ministère et pas seulement comment accomplir la tâche.

Les parents peuvent également aider dans ce domaine. Où êtes-vous déjà inclus dans le ministère? Où vos enfants peuvent-ils vous aider? Quand j'ai dû faire mon tour à l'école maternelle, j'ai invité toujours notre fille, Lisa de se joindre à moi. Je me suis assuré de passer du temps à lui parler de la leçon et activités. Je lui ai donné des emplois spéciaux. Puis après, nous parlons toujours de ce qui est arrivé. Elle m'a donné des commentaires qui aident comme prévus une autre fois.

Chaque enfant a besoin d'une responsabilité de ministère à l'église. Voici une liste pour vous aider à démarrer:

- Trouvez un projet de famille. Cela peut être une participation à court terme ou à long terme, et il peut se greffer sur quelque chose que vous avez déjà faites. Essayez quelque chose nouvelle ensemble. Utilisez cela comme un moyen de modeler la façon dont les disciples peuvent utiliser les dons différents spirituels et capacités dans le même rôle de ministère.

- Donnez à chacun une responsabilité. Ceci est approprié pour familles et classes. Qui efface la table? Qui est chargé de distribuer les livres? Adoptez la philosophie que chaque enfant ait un travail. Enseignez comment les gros travaux deviennent plus petits quand tout le monde aide.

- Développez des équipes de ministère pour les enfants. Que diriez-vous d'un accueil d'une équipe faite de plusieurs âges? Que diriez-vous d'un conseil des enfants? Que diriez-vous d'un camp ou d'une équipe de publicité EBV? Et à propos de l'utilisation des élèves de sixième année pour être des cueilleurs de nouvelles et des journalistes pour des bulletins d'informations pour enfants?

- Organisez un salon du ministère pour les enfants. Écrivez autant d'emplois que vous pouvez penser à des fiches, un par carte. Utilisation des images ou des accessoires pour les non-lecteurs. Permettez aux enfants de signer pour un travail de ministère pour un mois ou deux à la fois. Envisagez d'utiliser des élèves de la sixième année comme capitaines pour certains emplois.

- Planifiez des "jours de service". Impliquez toute l'église ou au moins les familles aidantes. Organisez plusieurs projets de service pour l'église et la communauté locale. Ceux-ci pourraient impliquer n'importe quels projets de nettoyage aux visites fermées au travail à l'église. Ayez un capitaine de famille pour chaque projet. Inscrivez-vous à l'avance. Retournez à l'église pour une pizza ou un hot-dog.

GARDEZ-LES DANSL'ENSEIGNEMENT

Discutez régulièrement avec les enfants de leurs engagements ministériels. Autant que possible, faites en sorte que les autres s'amusent, mais assurez-vous qu'ils restent concentrés sur leur raison d'être plutôt que sur leur plaisir. Posez des questions telles que: Qu'avez-vous appris sur vous-même? Qu'avez-vous préféré en ce que vous avez fait? Qu'est-ce qui était le plus facile? Qu'est-ce qui était le plus dur? Affirmez leur volonté, leur persévérance, leur concentration sur la tâche. Identifiez tout ce que vous voyez de spécial, comme penchant vers la miséricorde, le discernement ou l'administration. Continuez à les encourager à demander à Dieu de leur montrer comment et où Il veut qu'ils servent.

UNE PLACE POUR LES ENFANTS

Quand les enfants sont engagés de manière spécifique dans la vie et le ministère de l'église, ils partagent leur image d'enfant avec nous. Jésus a dit très clairement que les enfants pouvaient nous enseigner beaucoup à propos du royaume de Dieu. Ils nous enseignent l'innocence, confiance simple, honnêteté sans prétention, avec enthousiasme, énergie et optimisme. Dieu les a placés parmi nous pour nous aider à comprendre comment il valorise la ressemblance avec les enfants.

Nous faisons une place pour les enfants quand nous affirmons ce qu'ils partagent avec nous quand nous travaillons ensemble. Souvent, leur foi éclipse les nôtres. Leur pur plaisir de choses simples nous aide à prêter attention à la beauté et aux subtilités de ce monde que nous considérons de très souvent pour acquis. Leur capacité à donner la priorité à la chose réprimande notre multi-focus inefficace.

Où avons-nous besoin de leur point de vue et comment pouvons-nous donner des enfants une opportunité de le partager?

C'est là que les ouvriers du ministère jouent le plus grand rôle. Ils doivent constamment chercher des moyens pour partager la perspective d'un enfant pour rappeler à la famille de Dieu ce qu'est la ressemblance de l'enfant. Vous trouverez ci-dessous quelques façons de faire produire ça. Continuez à ajouter à la liste.

- Interviewez les enfants sur leur compréhension de Dieu, comment Dieu a répondu à une prière, ou ce qui est arrivé quand ils obéissent à la Parole de Dieu.

- Donnez aux gens l'occasion de croiser avec les enfants a travers des événements intergénérationnels et des activités d'apprentissage.

- Laissez les enfants enseigner aux adultes quelque chose qu'ils ont appris — chanson, un verset, ou les mouvements de la main.

- Acceptez les réponses des enfants à propos de la foi, de l'église, de la volonté de Dieu, et ainsi de suite. Partagez-les sous forme écrite.

SOUTENIR LES INTÉRÊTS DES ENFANTS

Rien ne définit une famille aimante comme des célébrations. Assurez-vous que vous avez un bon moyen de célébrer les réalisations des enfants. Une célébration est un moyen important d'aider les enfants à se sentir valorisé dans une famille.

Célébrez des prix spéciaux et des réalisations. Célébrez le Christ — honorez les attitudes et les actions. Chronique de leurs réalisations dans les communications de l'église.

Assistez à des événements qui sont importants pour eux. Ce qui est essentiel pour ceux qui travaillent avec les enfants. Imaginez un enfant qui présente à son entraîneur ou à son professeur en disant: "C'est mon entraineur d'école domini-cale" ou "Je veux que vous rencontriez le pasteur de mes en-fants". Cette personne comprend que vous appréciez cet enfant. Quel pont pourriez-vous commencer à partir de cette compré-hension simple?

ADOPTER DES PROJETS DE FOI.

Jésus a dit que certaines choses n'arrivent qu'en exerçant la foi. Que manquons-nous en ne demandant pas à Dieu des pro-jets de foi? Les enfants sont des activistes. Ils veulent faire partie de quelque chose de plus grand qu'ils sont. Dieu a beaucoup de projets qui garderont nos enfants occupés. Il a besoin de disciples qui sont prêts à prendre des projets de foi avec des enfants. Lui seul peut identifier et instruire à propos de ces pro-jets. Les projets de foi aident les enfants à trouver la réponse à la question «Que pouvons-nous faire pour que Dieu seul puisse nous aider à réaliser? «Connectez les enfants à une aventure

---

Trouver un Projet de Foi

- Demandez des idées sur le choix d'un projet de foi.

- Demandez aux enfants de passer du temps à demander à Dieu

un projet de foi dont Il veut qu'ils participent.

- Rappelez aux enfants de demander à Dieu avant de faire quoi que ce soit vers le projet.

- Parlez souvent des leçons de foi.

- Célébrez chaque accomplissement en tant que autonomi-sation de Dieu.

---

pour Dieu est juste la chose pour engager leur imagination et leur enthousiasme et les mettre sur une poursuite perpétuelle du service.

Les projets de foi familiale peuvent impliquer tout ce qui affecte la famille. Par exemple, un déménagement à venir pourrait devenir un projet de foi d'une famille. Mettez les enfants au défi de prier pour la bonne maison et quartier. Ou faites de la dîme ou une offre spéciale à une famille un projet de foi. Demandez à Dieu à qui vous devriez aller dans votre quartier. Ne le faites pas juste de faire de belles choses pour quelqu'un d'autre. Il s'agit d'apprendre à suivre les instructions de Dieu et le timing pour voir ce qui se passe. C'est de la musique pour tout parent ou un employé du ministère lorsque les enfants commencent à dire: "Je pense que Dieu veut que je le fasse... »C'est le son d'un disciple dans la fabrication.

Prenez des projets de foi en classe. Récoltez de l'argent pour parrainer un enfant dans une région du monde grâce à Nazarene Child Sponsorship.

Assurez-vous que tout le monde comprenne que l'objectif n'est pas recueillir de l'argent, c'est apprendre la foi. Il s'agit de trouver et accéder à des opportunités que Dieu seul donne.

AIDER LES ENFANTS À DEVENIR DES FAISEURS DE DISCIPLE

Venir à la foi en Christ a deux objectifs importants. Le premier est de recevoir le don du salut et de vivre la connexion éternelle avec Dieu. Le second est de le partager. Certaines personnes ont exprimé ce but en demandant quelle est la valeur du christianisme, si cela ne vaut pas la peine de se reproduire. Depuis le début des temps, Dieu a répandu par son message d'amour et de rédemption. Ce n'est pas une option comme un accessoire que vous décidez d'ajouter à votre voiture. C'est le plan sans équivoque de Dieu. Vous devenez un disciple à faire un disciple. Il doit y avoir un équilibre entre l'entrainement de disciple et faire un autre disciple, ou bien il devient très centré sur lui-même et centré sur lui-même.

Les enfants sont des évangélistes naturels. Ils vont inviter quelqu'un à leur maison ou leur église. Nous devons faire attention à ne pas manipuler ce côté social de leur innocence. Mais nous devons aussi faire attention que nous ne l'écrasons pas avec notre propre réticence. Nous pouvons les aider en donnant aux enfants des raisons d'inviter leurs amis. Nous pouvons faire de notre mieux pour que leurs amis se sentent acceptés et confortable. Mais, la formation des disciples va plus loin que d'inviter un ami à l'église. Nous pouvons aider les enfants à avoir des conversations spirituelles avec leurs amis. Nous pouvons les aider à parler de la foi qui dirige leurs vies.

Si un parent dit à un enfant de parler à ses amis à propos de Jésus, mais l'enfant n'entend jamais ou le parent dit à ses amis, il enseigne un beaucoup plus que le message entendu.

Un parent

L'endroit le plus facile de commencer à avoir ces conversations c'est dans la participation de votre famille et de vos enfants au ministère. Donnez des occasions régulières aux enfants de partager —

• Comment et quand ils sont devenus un disciple.

> Marie a entendu le partage de l'évangile dans ma classe, elle a répondu à l'invitation, et a prié pour recevoir Jésus comme son Sauveur. Parce que Marie savait que je partageais toujours l'Évangile chaque semaine, elle a amené sa sœur la semaine suivante, et la sœur de Marie a prié pour recevoir le Christ. Quelques semaines plus tard, Marie a amené un ami, et cet ami voulait accepter Jésus comme son Sauveur aussi. Marie a demandé si elle pouvait s'assoir avec nous pendant que je conseillais son amie. Ensuite de ce que nous avions fait, Marie a dit à son ami, «N'est-ce pas ça la meilleure chose qui t'est jamais arrivée?
>
> *-Gloria, enseignante du Club des bonnes nouvelles*

- Comment suivre Jésus change leur concentration, leur attitude et leurs actions.

- Ce que Dieu fait dans leur vie en ce moment.

Nous devons parler avec les enfants des moyens qu'ils peuvent partager leurs leçons spirituelles avec les autres dans la famille de Dieu. De plus qu'ils parlent régulièrement de leurs vies en tant que disciples de Jésus, plus il sera facile pour eux d'avoir ces mêmes conversations avec des amis qui ne sont pas des disciples.

Quand un enfant prend une nouvelle décision de suivre Jésus, cela implique un autre jeune disciple en réunion et en priant pour le nouveau croyant. Certains enfants plus âgés peuvent même travailler à travers le «Alors… Voulez-vous suivre Jésus?» Les études bibliques avec très peu de supervision, surtout s'ils travaillaient à travers les nouveaux croyants. Quelle opportunité pour les jeunes disciples!

En famille ou en classe, tenez une liste de prénoms ou d'initiales des amis et des parents des enfants pour lesquels ils prient.

Rejoignez-les en priant pour la bonne occasion de partager leur foi au temps précis. Demandez des mises à jour régulièrement.

Si vous formez des enfants non seulement sur la façon de comprendre l'Évangile pour eux-mêmes, mais aussi sur la façon de l'enseigner à quelqu'un d'autre, vous multipliez vos efforts.

Reagan, pasteur des enfants

Suggérez aux enfants de dire à leurs amis comment ils se débrouillent face à des situations différentes en priant Dieu pour la direction et d'aide. Parfois, cela offre une ouverture pour plus de conversations. Faites de la maison et de l'église un lieu où les enfants se sentent libres d'exprimer leurs préoccupations spirituelles pour les autres dans leur monde.

Aidez les enfants à apprendre à partager l'Évangile. Utilisez le plan ACC de «Mon meilleur ami, Jésus.» Achetez «Alors… Veux-tu partager Jésus?» et téléchargez le guide des leaders. Considérez travailler avec le personnel du ministère pour présenter la comédie musicale des enfants Splash Kingdom. Tout le monde apprend à faire une présentation de l'Évangile dans cette comédie musicale. Enquêtez sur les outils d'évangélisation tels que le Cube Évangélique ou Cube -EE pour enfants comme aides visuelles lorsque vous travaillez avec les enfants à partager leur foi avec les autres. Trouvez une approche qui travaille pour votre groupe d'âge. Mémorisez-le ensemble. Donnez aux enfants l'occasions de jouer un rôle en partageant leur foi. Envoyez les enfants dans leur monde à être des faiseurs de disciples.

> Dans nos classes de 4e et 5e année, nous avons enseigné aux enfants comment dire à un ami leur «Histoire» en 30 secondes. Ils ont parlé de à quoi ils ressemblaient avant de rencontrer Jésus, pourquoi ils ont décidé de suivre Jésus, et comment ils sont différents maintenant qu'ils ont Jésus dans leur vie.
>
> *Jill, pasteur des enfants*

AUGMENTER LA VISION GLOBALE DES ENFANTS

La révolution de la communication électronique met au monde à la portée des enfants. La télévision défile dans le monde devant leurs yeux avec toutes les nouvelles diffusées. Cependant, cela ne signifie pas que chaque enfant a une vision globale de sa place dans le monde. Les enfants ont besoin d'aide pour apprendre ce que cela signifie, être un disciple dans la communauté mondiale. Ils ont besoin d'aide pour personnaliser la grande quantité d'informations disponibles.

Chaque fois qu'un missionnaire fait une présentation dans votre église, assurez-vous qu'il ou elle a un premier contact avec les enfants. Demandez aux missionnaires de parler de la vie des enfants dans le monde où ils servent. Inscrivez-vous aux lettres e-mail des missionnaires qui donnent des informations à jour sur les différentes parties du monde. Emmenez votre famille avec vous pour rencontrer le missionnaire personnellement.

Quand une catastrophe naturelle s'est produite, priez pour les enfants et les familles. Bien qu'il ne soit pas nécessaire d'être trop précis sur les tragédies, il est important d'aider les enfants à faire quelque chose à propos des catastrophes qu'ils voient et entendent. Collectez des provisions pour «l'équipe des secoureurs de la crise".

Associez une classe des enfants à une classe d'adultes qui correspondent aux fonds ou aux provisions qu'ils collectent. Impliquez les enfants dans une forme d'expérience de mission pratique. Emmenez-les aux efforts de la mission locale. Adoptez un projet de famille pour trier les vêtements dans un placard à vêtements dans les centres villes. Prenez-les avec vous lorsque vous livrez de la nourriture à une banque alimentaire. Pensez à participer dans un projet de travail de mission en famille. Faite du bénévolat à l'École biblique de vacances de petite église.

Lorsque les enfants étudient dans des différentes zones du monde, allez en ligne pour explorer la mission qui fonctionne là-bas. Priez pour les missionnaires là-bas. Mettez en place une carte du monde. Quand un article présente un pays, écris le nom du missionnaire sur un drapeau et placez-le sur ce pays. Faites ce que vous pouvez pour aider les enfants à comprendre la mission de Dieu est de taille mondiale. Voilà pourquoi il veut se mobiliser chaque disciple à se joindre à lui pour faire plus de disciples.

Comprenez que les enfants explorent différentes façons de trouver leurs places dans la communauté de la foi, ils auront a aller au-delà de ce qui est familier et sécurisé. Priez que ces expériences soient positives. Priez qu'ils n'aient jamais peur de sortir de leur zone de confort pour faire quelque chose que Dieu dirige. Priez qu'ils valorisent les nouvelles expériences même quand ils sentent qu'ils font mal ou que cela les embarrasse. Communiquez qu'il y a toujours quelque chose à apprendre pour un disciple. Dieu ne gâche rien. C'est la formation de disciple à son mieux.

LE MONDE ATTEND

Le monde a désespérément besoin de leaders positifs et de modèles. Vous avez la possibilité de participer à la fourniture du plus grand besoin de la prochaine génération. Vous influencez de nouveaux disciples à prendre leur place dans la communauté mondiale de la foi. Comment ils entendent Dieu, comment ils perçoivent leurs responsabilités, et comment ils recueillent des expériences précieuses dans le ministère. Il n'y a pas de meilleur moment que maintenant pour élever les enfants ordinaire à une foi extraordinaire. Le monde attend. Nous devons être sur les affaires de notre père.

POUR LES PARENTS

1. Comment puis-je incorporer la responsabilité spirituelle dans ma famille?

2. Qui étaient mes mentors spirituels? Comment puis-je encourager mes enfants à apprendre des autres chrétiens?

3. Comment pourrais-je incorporer la «recherche du dimanche» pour aider mes enfants à faire l'expérience d'un culte authentique?

4. Quel ministère local ou mondial pouvons-nous participer en tant que projet de foi?

POUR LES OUVRIERS DU MINISTÈRE

1. Comment puis-je encourager les liens intergénérationnels avec les enfants que j'influence?

2. Comment puis-je donner plus d'opportunités aux enfants de servir?

3. Comment puis-je atteindre un équilibre entre aider les enfants à devenir des disciples et les encourager à devenir des faiseurs de disciples?

LA PRIÈRE D'UN FAISEUR DE DISCIPLE

Entraineur du faiseur de disciple, si tu as tant aimé le monde tu as envoyé ton Fils à mourir pour nous, je devrais être en mesure de répondre à ton appel à faire des disciples, en commençant par ma famille et tous les autres enfants que j'influence.

LEÇON 9

NE CESSEZ JAMAIS D'ENSEIGNER

Suivez mon exemple, comme je suis l'exemple de Christ.
— 1 CORINTHIENS 11: 1

Comment Jésus a-t-il pris 12 individus ordinaires et les a-t-il transformés en hommes d'une foi extraordinaire? Comment at-il fait la différence en trois ans? Quel est le secret de la transformation? Si seulement c'était un ensemble de plans de leçons que nous pourrions suivre pour garantir que les enfants nous pratiquent et enseignent pour devenir des disciples pour la vie. Si seulement nous pouvions les envoyer à une école spéciale qui les façonne pour nous.

Au contraire, la réponse à élever des enfants à une foi extraordinaire est la même que celle utilisée par Jésus. Soyez intentionnel. Être présent. Ouvrez votre vie avec une honnêteté absolue. Comptez complètement sur Dieu pour chaque mot, direction et idée. Tenez compte de chaque opportunité comme sacrée. Faites de l'obéissance à Dieu le rythme naturel de votre vie. Faite de la prière l'expression transparente d'une relation intime avec Dieu. Exposez tout le monde que vous influencez à la relation transformatrice que vous avez en Christ.

Voilà pourquoi former une autre personne est différent de simplement guider ou enseigner. Il s'agit plus de partager votre vie que dire à quelqu'un d'autre ce qu'il faut savoir ou faire. Vous devez être le disciple que vous voulez qu'un autre soit pour faire un disciple. N'importe quoi moins est l'hypocrisie.

> Quand les enfants possèdent leur foi et savent pourquoi ils sont à l'église, l'enseignement de disciple devient beaucoup plus facile, parce qu'ils veulent vivre la vie de Dieu, pas seulement parce que leur parents le veulent, mais parce qu'ils veulent!
>
> *Jill, pasteur des enfants*

Plusieurs métaphores peuvent être utilisées pour la relation de disciple entre adultes et enfants. C'est un travail d'encadrement. C'est le travail du mentor. Cependant, la métaphore qui nous donne plus d'encouragement est celui qui vient d'une parabole très familière.

PLANTEURS DE GRAINES ET JARDINIERS

Jésus a parlé aux gens du fermier qui est sorti pour semer des graines. Nous connaissons l'histoire. Certaines graines sont tombées dans des endroits tels que la roche et la terre cuite au soleil devinrent durs et inhospitaliers. Certaines graines se sont révélées être à croissance rapide, seulement pour succomber à la chaleur et à la sécheresse. Ensuite, il y avait le champ, fraîchement préparé pour recevoir la graine. Je pense que c'est là où la plupart des graines débarquées dans un endroit où les graines étaient attendues, où elles avaient tout ce dont elles auraient besoin pour grandir.

Jésus nous appelle à être des planteurs de graines dans la vie des enfants, nous sommes parents et enseignants. Une partie de notre travail consiste à préparer leurs cœurs pour recevoir la semence de Dieu. Nous devons nous engager à arroser tôt et fertilisation pour maximiser le potentiel de croissance. Alors que nous ne sommes pas responsables de ce que fait un enfant à propos des graines que nous plantons, nous sommes responsables de continuer à planter des graines.

J'ai planté la graine ...

mais Dieu l'a fait grandir.

1 Corinthiens 3: 6

Nous devons vivre avec la cohérence spirituelle, la transparence, et l'intégrité avec laquelle nous voulons que nos enfants grandissent. C'est une exigence non négociable. Les bonnes nouvelles sont que Dieu promet la croissance quand sa semence tombe dans une terre réceptive. Le miracle est qu'il pousse bien au-delà de ce que nous avons planté ... 30 à 100 fois plus. (Voir Matthieu 13:23.) C'est un gros retour sur notre investissement! Y at-il autre chose que nous pouvons faire dans la vie de nos enfants qui peuvent reproduire cela de façon extravagante?

Nous avons exploré quelles sont ces graines. Voici notre guide de plantation:

- Nourrissez un désir et une attente d'entendre l'invitation de Jésus pour le suivre.

- Dotez un nouveau croyant d'une compréhension des disciplines spirituelles qui vont pousser un croyant à suivre Jésus de manière perpétuelle.

- Enseignez qu'une décision de suivre Jésus est une décision de Lui obéir.

- Engagez les enfants dans la pratique et la joie des conversations en cours avec Dieu que nous appelons la prière.

- Présentez la Bible comme la Parole vivante de Dieu, et connectez les enfants à Dieu lui-même, pas seulement les histoires ou les leçons.

- Aidez les enfants à comprendre que Dieu leur donne des capacités et des dons spirituels pour que chacun d'eux ait une place unique à partager dans la famille de Dieu.

- Encouragez chaque enfant à trouver sa place dans le local et la communauté mondiale de la foi.

- Habilitez les enfants à devenir des faiseurs de disciples.

Il ne s'agit pas seulement d'élever de bons enfants, des enfants avec de comportement positif, enfants ayant des caractéristiques exemplaires. C'est d'élever des enfants qui vivent, agissent, pensent et aiment comme Jésus. Ils tombent amoureux de Lui si profondément qu'ils commencent à obtenir leurs informations sur la façon de vivre en tant que ses disciples. C'est le but: apprentissage indépendant, suivie indépendante, croissance indépendante.

Pour que ce soit un processus transparent entre les parents, les enseignants, et les enfants, nous devrions établir des normes élevées pour nous-mêmes. Nous devons vivre avec la cohérence spirituelle, la transparence, et l'intégrité avec laquelle nous voulons que nos enfants grandissent. C'est une exigence non négociable. Les bonnes nouvelles sont que Dieu promet la croissance quand sa semence tombe dans une terre réceptive. Le miracle est qu'il pousse bien au-delà de ce que nous avons planté ... 30 à 100 fois plus. (Voir Matthieu 13:23.) C'est un gros retour sur notre investissement! Y at-il autre chose que nous pouvons faire dans la vie de nos enfants qui peuvent reproduire cela de façon extravagante?

Il faut de nombreux adultes pleins d'esprit

pour disciple un enfant.

Jeri, ouvriers du ministère

LES OBSTACLES

Évidemment, il y a des obstacles à cette mission de faire des disciples. Nous vivons dans un monde suranné. Les parents deviennent très fatigués lorsqu'ils jonglent avec leurs responsabilités familiales et professionnelles. Cassé les mariages divisent le temps des enfants entre deux parents. La croissance en nombre de parents célibataires sont accablés avec la maison, la famille, et les responsabilités professionnelles. Ensuite, il y a les parents de la ligne de touche, qui font de Dieu et de l'église un «ajout» positif à leurs vies séculaires.

Dieu promet de bénir notre obéissance. Il nous a tous donné le temps, nous avons besoin de faire Sa volonté. Parfois, nous devons comprendre quelles activités drainent notre temps et notre énergie de ce qui est le plus important. Dieu communiquera là où nous devons découper le temps, réduire les activités et recentrer la stratégie.

Certains obstacles ne vont pas disparaître facilement. Comme le taux de divorce se lève et les pressions économiques mettent au défi, il place plus et plus de nos enfants sont à risque de comprendre les choses par eux-mêmes.

Cela signifie que nous devons tous être prêts à combler le vide et à soutenir des parents et enfants en difficulté. Adoptez une famille monoparentale, et laissez-les vous rejoindre pendant que vous construisez des stratégies d'entrainement de disciple au sein de votre famille. Invitez des enfants qui vivent sans élément chrétien pour participer aux activités clés de disciple de votre famille, surtout à la Noël ou aux Pâques.

Les ouvriers du ministère peuvent venir aux côtés d'un enfant dans une situation à la maison pour attirer dans la flamme toute étincelle de départ de vouloir vivre une vie de suivre Jésus. Alors que personne ne peut jamais prendre la place d'un parent, Dieu utilise souvent des substituts à venir à côté de quelqu'un qui a besoin de conseils spirituels. Que ce soit par un plan organisé du guide ou un engagement informel, nous avons besoin d'assurer que chaque enfant ait accès à quelqu'un qui prend l'enseignement sérieusement.

UN SUR UN

Une des raisons pour lesquelles enseigner les enfants n'est pas facile est qu'il faut du temps en tête-à-tête. Sans coaching individuel, nous ne pouvons pas s'attendre à ce qu'un enfant "attrape" simplement la bonne idée de la Bible d'étudier ou comment la leçon biblique et la vie se rejoignent. Seulement en dépensant dévoué, intentionnel et prié-pour le temps avec un enfant nous pouvons faire partie du processus que Dieu veut utiliser. Nous devons prier pour que Dieu ordonne notre temps afin que les vies occupées et les horaires fous ne soient pas les nôtres. Quelqu'un enseigne à propos de l'exercice physique et dit: "Vous pouvez toujours faire quelque chose, et quelque chose est mieux que rien». Prenez le même conseil, et appliquez-le au discipulat des enfants que vous influencez.

Je crois que les enfants ont de la faim la plus profonde de Dieu. Nous sous-estimons souvent leur engagement et leur désir d'être disciples fidèles et croissants.

— *Janet, pastoresse des enfants*

L'ÉXAMEN DU FAISEUR DE DISCIPLE

Utilisez ce qui suit pour évaluer ton engagement à enseigner les enfants dans votre cercle d'influence. Quand vous connaissez votre score, choisissez un ou deux des énoncés et tournez-les en objectifs pour le mois prochain. Puis périodiquement passez par la liste à nouveau pour augmenter votre engagement à enseigner les enfants.

Lisez les déclarations suivantes et répondez avec l'un des évaluations suivantes:

5-toujours,

4-la plupart du temps,

3-certains temps,

2-pas assez,

1-jamais.

1. Je comprends quel est mon rôle dans l'enseignement des enfants est. 5 4 3 2 1

2. Je suis prêt à demander de l'aide à un autre parent ou un ouvrier du ministère quand je me sens débordé à propos de ma responsabilité spirituelle pour élever ou enseigner un jeune disciple. 5 4 3 2 1

3. J'ai des opportunités et fais des opportunités pour avoir une conversation spirituelle, ce n'est pas une séance d'enseignement avec un enfant. 5 4 3 2 1

4. Quand un enfant me parle d'une difficulté de la vie, je m'arrête et prie avec lui. 5 4 3 2 1

5. J'ouvre la Bible avec un enfant pour chercher des réponses à une famille, amitié ou autre problème sur lequel il ou elle demande des conseils. 5 4 3 2 1

6. J'utilise les sacrements du baptême et de la communion pour aider les enfants à affirmer leur foi en Christ. 5 4 3 2 1

7. J'ai des ressources de base pour l'âge approprié, lecture de la Bible et étude de la Bible pour mes enfants. 5 4 3 2 1

8. J'ai partagé mon histoire de salut avec mes enfants. 5 4 3 2 1

9. Je sais que mon don spirituel est comme un signe pour reconnaître un don spirituel chez un enfant. 5 4 3 2 1

10. Je sais comment partager le message du salut avec un enfant. 5 4 3 2 1

11. Je prie pour l'opportunité de partager le message du salut avec un enfant. 5 4 3 2 1

12. Notre classe / fête de Pâques de la famille et Noël reflète plus de l'histoire de Dieu que la sécularisation de la société. 5 4 3 2 1

13. J'ai un plan de responsabilité spirituelle que j'utilise avec les enfants / parent que j'enseigne. 5 4 3 2 1

14. Je prie avec mes enfants au sujet de leur spiritualité, la croissance pendant le temps que nous sommes ensemble en tant que famille / classe. 5 4 3 2 1

15. J'aide les enfants à trouver un moyen de servir les autres. 5 4 3 2 1

16. Je parle de donner à Dieu dans notre famille / classe. 5 4 3 2 1

17. J'encourage les enfants à partager leur foi avec les autres. 5 4 3 2 1

18. Je pratique le culte et l'aide intentionnels pour que les enfants trouvent aussi leur façon d'adorer Dieu. 5 4 3 2 1

19. La croissance spirituelle des enfants que je soulève / enseigne est plus important pour moi que leur bonheur. 5 4 3 2 1

20. Je relie des histoires bibliques et des leçons bibliques à la vraie vie, la leur et la mienne. 5 4 3 2 1

RESULTATS

85 à 100 points: Faites de l'entrainement de disciple une priorité clé. Continuez!

70 à 84 points: Le disciple est important pour vous. Trouvez des moyens d'augmenter sa priorité.

55 à 69 points: Le disciple est quelque chose que vous voulez faire mieux. Laissez que Dieu et d'autres vous aident.

En dessous de 55 points: Considérez ceci comme un appel de réveil. Commencez maintenant à devenir faiseur de disciple la priorité que Dieu veut qu'elle soit.

CRÉER UN PLAN

La formation de disciple ne se produira pas par accident. Cela doit être activité intentionnellement — et ce plan est une nécessite. Cela peut être très simple, mais cela devrait être écrit afin que vous puissiez y référer souvent. Commencez par répondre aux questions simples ci-dessous.

> **Vivre comme des disciples est un parcours partagé. Nous apprenons ensemble.**

- Comment puis-je prendre le temps de prier sur la façon dont Dieu veut que je guides les enfants que je guide ou que j'enseigne?

- Quelle est une mesure que je peux prendre bientôt pour faire de la formation de disciple une priorité évidente dans ma famille ou ma classe?

- De quelles ressources ai-je besoin pour m'aider?

- À la fin d'une journée ou d'une séance de cours, quelle question va le mieux évaluer comment l'entrainement de disciple a été une priorité?

- À qui devrais-je rendre compte pour ce plan?

Rappelez-vous: faites une conversation sur l'entrainement de disciple une conversation sur «nous», pas «Vous». Parlez aux enfants de ce que «vous devriez faire» défaites la composante primaire d'enseigner. Tout le monde est un élève, et personne n'est l'expert. Adultes, adolescents et enfants partagent leurs découvertes personnelles avec les uns les autres qui mènent à la croissance spirituelle.

Un mot d'avertissement pour les parents: il y a beaucoup de rôle paternel et des problèmes où nous ne donnons pas le choix aux enfants. Cependant, la formation de disciple n'est pas l'un d'entre eux. Nous utilisons le modèle de Dieu. Il donne ses enfants le choix de le suivre. Nous pouvons définir des limites spirituelles sur le comportement, mais nous devons nous rappeler que devenir un disciple de Jésus est une question de cœur et de volonté. Vivre et grandir en tant que disciple est un choix. Assurez-vous de ne pas forcer les enfants dans des activités de disciple quand ils n'ont pas fait la décision de suivre Jésus. Si vous le faites, vous pouvez avoir la conformité sans transformation spirituelle.

Si nous n'enseignons pas aux enfants à vivre la vie remplie de Christ, ils pourraient éprouver le moment de demander au Christ dans leur vie mais n'a aucune idée de comment suivre à travers elle.

Dawn, ouvrier du ministère

LE FACTEUR DE LA GRANDE COMMISSION

Les parents doivent comprendre que la parentalité chrétienne est grande Commission parentale. Par les normes de Dieu, nous n'avons pas plus élevé la raison d'être parents que de faire des disciples. La Grande Commission de la parentalité nécessite un engagement personnel à vivre la capitulation, obéissant, grandissant la vie d'un disciple de Jésus. Tu ne peux pas transmettre aux enfants ce qui ne fait pas déjà partie de leur propre vie. La grande Commission parentale commence dans votre cœur, où Jésus définit l'ordre du jour pour tout.

Pour les ouvriers du ministère, cela signifie que nous devenons des grands enseignants de la Commission et les ouvriers des enfants. Nous regardons activement des façons de construire des ponts pour introduire un enfant à une relation personnelle avec Jésus. Nous enseignons plus que des histoires bibliques et des activités amusantes. Nous connectons les enfants avec un Dieu extravagant dont l'amour et les ressources n'ont pas de fin. Nous nous assurons de communiquer qu'une relation avec Jésus est complètement différente de Sa connaissance.

LE PARTENARIAT

La vérité habilitante est que l'entrainement de disciple est quelque chose que nous faisons ensemble. Le plan de Dieu fonctionne avec une grande efficacité. Les parents présentent les enfants à Dieu, Son plan et ses voies. Les ouvriers du ministère livrent le même message à travers des différentes activités et l'apprentissage guidé. La famille étendue de Dieu partage son affirmation et son soutien et des opportunités de service. Quand les enfants entendent et voient le même message partout — que l'entrainement de disciple est la vie de suivre Jésus — le Saint-Esprit utilise cette répétition pour éveiller les graines que nous avons planté. Les racines commencent leur voyage d'ancrage. La croissance commence à apparaître de manière que nous puissions voir, affirmer et célébrer. Juste devant nos yeux, un jeune disciple grandit! Quel privilèg être un témoin de la première main et un pionnier entre les leaders!

> Toute la famille de l'église devrait être dans les affaires de du discipulat de nos enfants.
>
> *Belinda, pastoresse des enfants*

POUR CHANGER LE FUTUR

Qu'est-ce qui pourrait arriver si nous réitérons l'appel de Jésus à faire des disciples, en commençant par les enfants? Qu'est-ce qui pourrait se passer si nous mobilisons nos énergies et notre créativité pour aider les enfants à entendre et répondre à l'invitation de Jésus de très tôt? Que pourrait être arrivé si les enfants croyaient vraiment que suivre Jésus était la manière la plus excitante de vivre au maximum? Ils entreraient dans l'adolescence avec une armure spirituelle. Leur croissance spirituelle serait parallèle à tous les autres domaines de croissance dans leur vie. Ils seraient mieux équipés pour l'indépendance grandissante de leur adolescence et la vie des jeunes adultes.

Nous avons une opportunité inégalée d'aider les enfants à prendre des décisions à vie de suivre Jésus. Nous pouvons devenir partenaires avec le Créateur, qui prend l'innocence d'un enfant et grandit la conscience spirituelle qui le forme pour la vie. Nous pouvons faire suite à Jésus l'aventure de vivre avec espérance de la pointe des pieds à propos des façons dont Il se montre à enseigner, réconforter et se lier d'amitié. Nous pouvons faire de sa Parole le livre le plus excitant disponible, parce que quelque chose arrive quand nous y obéissons.

Nous pouvons changer le futur. Les enfants que nous enseignons à prendre leur place dans un monde que nous ne reconnaîtrons pas. Nous devons faire de l'enseignement de nos enfants notre passion quotidienne. Nous devons créer des nouvelles rencontres avec Jésus pour les inviter à apprendre avec nous. Nous devons les envoyer comme un message dans le futur qui sera loin de survivre à tout ce que nous pourrions faire ou dire. Nous ne devons jamais croire que le travail est terminé, ne jamais les déléguez à quelqu'un d'autre, ne faites jamais une pause de la vie de manière à encourager les enfants à suivre Jésus.

Nous ne devons jamais, jamais cessez de nous mieux former.

TEMPS DE S'ENGAGER

Nous savons ce que nous devons faire. Commençons juste à le faire. Prenons un engagement ici et maintenant que nous acceptons avec impatience l'instruction de Dieu sur élever nos enfants à vivre avec une foi extraordinaire. Prenons l'aventure au sérieux pour nous-mêmes et faisons en sorte que chaque jour compte. Prions plus. Ayons plus de conversations spirituelles avec nos enfants. Admettons-le quand nous violons les normes de Dieu. Faisons en sorte que personne qui vit dans nos familles devraient jamais être témoin de l'hypocrisie. Apportons tout sous la seigneurie et l'instruction de Jésus: sports, télévision, argent, vacances, langue, divertissement — tout. Prenons l'appel de Jésus plus au sérieux que jamais auparavant. Disons oui à Jésus et amène beaucoup de gens avec nous, surtout les enfants.

POUR LES PARENTS ET LES OUVRIERS DU MINISTÈRE

1. Prenez le test du faiseur de disciple et calculez votre score. Choisissez deux déclarations et transformez-les en objectifs disciplinaires pour le mois prochain.

2. En utilisant les questions de la page 175, faites un plan qui inclut un temps de prière pour vous, un objectif disciplinaire, une activité qui vous aide à atteindre l'objectif, une question d'évaluation et une manière pour vous d'être responsable devant une autre personne pour le plan.

3. Écrivez une prière pour le travail de disciple que Jésus instruit.

4. Téléchargez le guide du leader pour ce livre, et considérez des façons de se joindre à d'autres parents et enseignants pour l'étudier ensemble.

LA PRIÈRE D'UN FAISEUR DE DISCIPLE

Éternel Dieu, je suis content de ce que tu me fasses confiance avec tes enfants. Votre plan pour les aider à vous connaître à travers mon obéissance m'envoie à mes genoux. Mais c'est là que j'entends ton appel plus clairement et offre la seule réponse que je peux donner - oui, Seigneur, Oui! Vous menez, et je suivrai - avec autant d'enfants que vous me permettez d'influencer. Au nom du Maître du faiseur de disciple je prie. Amen.

NOTES

Chapitre 2

1. «Mon meilleur ami, Jésus», et un guide téléchargeable gratuitement et Présentation PowerPoint pour les parents et les ouvriers du ministère, disponible àwww.wordaction.com/mbfj>.

2. «Alors... Voulez-vous suivre Jésus? «Et le guide du leader est téléchargeable gratuitement, disponible sur <www. wordaction.com/go/BBSKIDS>. Un suivi utile du paquet de cinq études bibliques simples pour un nouveau croyant.

Chapitre 3

1. Ibid.

2. Randy Calhoun, «Alors... Voulez-vous être baptisé? Et téléchargeable gratuitement le Guide du leader, et disponible sur <www.wordaction.com/go/BAPTISM>. Pour les parents et les ouvriers du ministère.

3. Randy Calhoun, «Alors... Voulez-vous prendre la communion? «Et le téléchargeable libre du Guide du

leader, disponible sur <www.wordaction.com/go/ COMMUNION>. Pour les parents et les ouvriers du ministère.

4. L'Institut des ressources chrétiennes donne une bonne explication du Calendrier chrétien avec d'autres ressources pour chaque saison à <http: //www.crivoice.org/chyear. html>.

Chapitre 5

1. Jody Brolsma, ed. Prier et jouer la Bible (Loveland, Colo .: Group Publié en 1997).

2. PrayKids, publié par NavPress. Quelques numéros disponibles en ligne sur<http://www.navpress.com/landing/ praykids/>.

Chapitre 6

1. Bonnie Bruno et Carol Reinsma, Lire la Bible ensemble (Cincinnati, Oh : Standard Publié en 2006).

2. Mon livre de la Bible. Kansas City: publication de WordAction. 2006

3. Jeux de la Bible des enfants, Kansas City, Mo., <www. wordaction.com>, pour les grades 1 à 6; cette étude biblique de six ans est excellente pour l'école à la maison, petits groupes, et autres. La compétition améliore l'étude biblique mais ce n'est pas des Champs obligatoires.

4. Connecte est un magazine trimestriel en couleur rempli d'idées pour la famille dans le temps de dévotion et est disponible à <www.actionaction.com>.

Chapitre 7

1. Les enveloppes de dîme pour enfants sont disponibles chez la Maison Nazaréenne de Publication à <nph.com>.

2. Tom Felder, «Alors... Voulez-vous donner à Dieu? «Disponible à <www.wordaction.com>.

3. Le guide du leader est disponible sur www.wordaction. com/go/give>.

4. Penny A. Zeller, 77 façons que votre famille peut faire une différence (Ville Kansas: Beacon Hill Press de Kansas City, 2008.

Chapitre 8

1. Karen Burton Mains, rendant le dimanche spécial Nashville: Star Song Communications Group, 1994), <http://mainstay.stores.yahoo.net/makes unspec.html>.

2. Voir

3. Ibid

4. «Mon meilleur ami, Jésus: Livret du salut», disponible sur <www.wordwordaction.com>.

5. «Alors... Voulez-vous partager Jésus? Il est disponible sur <www.wordaction.com>.

6. Pam Andrews et Barry Robertson, Splash Kingdom: Un sauvetage Musical pour enfants, disponible auprès de Lillenas Publishing Company à <www .lillenas.com>.

7. «Cube Évangélique». Film JÉSUS. Télécharger les instructions pour présenter l'Évangile en utilisant le Cube Évangélique, ou découvrir comment les acheter, à <http:

//www.jfhp.org/resources/evangecube/evangecube. html>.

8. «Kids 'EE Cube.» Ministères de l'EE pour les enfants. Ceux-ci suivent l'évangélisation des enfants. Approche d'explosion (voir <http://kidsee.org/home.htm>) et sont également disponibles auprès de Film JÉSUS Harvest Partners à <http://www.jfhp.org/ ressources /Cube évangélique / evangecube.html>.

9. Des informations sur la collecte et l'envoi de kits de soins de crise sont disponibles <http://www.ncm.org/min_ ndr.aspx>.

www.ingramcontent.com/pod-product-compliance
Lightning Source LLC
Chambersburg PA
CBHW060241050426
42448CB00009B/1547